# 100 jours sans supermarché

## Le guide des circuits courts

Mathilde Golla

# 100 jours sans supermarché

## Le guide des circuits courts

*Préface de Cyril Dion*

Flammarion

ISBN : 978-2-0814-1666-6

*À mon fils Martin*

# Préface

Vivre sans supermarché. Une idée qui fait son chemin alors qu'elle aurait paru totalement absurde il y a dix ou quinze ans et carrément rétrograde lorsque je suis né, il y a bientôt quarante ans.

Car le supermarché était alors considéré comme un véritable progrès, un apport inestimable de la modernité pour permettre à chacun d'avoir accès, à bas prix (du moins, c'était la promesse initiale), à un vaste choix de produits de consommation. La possibilité, en une seule fois, de faire l'ensemble de ses achats et ainsi de rationaliser, de gagner du temps. Et, de fait, avec l'avènement des supermarchés, nous sommes devenus une armée de consommateurs pressés qu'il faut désormais séduire, attirer par des prix cassés, des parkings géants, des rayons toujours plus grands et achalandés. Désormais, nous pouvons déambuler dans des hypermarchés, des hangars de plusieurs milliers de mètres carrés, souvent entourés de centres commerciaux, de cinémas, de salles de sport, de banques… Sur les rayonnages, des centaines de milliers de produits s'étalent, dont nous ne connaissons bien souvent ni la provenance, ni la composition exacte. Réduits à pousser notre chariot dans ces vastes allées, nous nous sommes mués en chasseurs-cueilleurs modernes, comme le dit malicieusement Pierre Rabhi[1], collectant les emballages colorés et les jetant dans notre panier grillagé roulant.

Mais ce « progrès » a un coût. Et même plusieurs.

1. Des millions de kilomètres carrés de terres défrichées et artificialisées.

C'est le début de la France moche, la France périphérique aux abords de nos villes, assemblage de boîtes posées les unes à côté des autres, de ronds-points, degré zéro de l'aménagement urbain et de l'architecture.

2. D'incessants ballets de véhicules à moteur, émetteurs de $CO_2$.

Car, à l'instar de son modèle américain, le supermarché français n'est pas fait pour les piétons, on y vient en automobile, dont le carburant est lui aussi – quelle chance – vendu, à bas prix, à l'abord des grandes surfaces, par les enseignes elles-mêmes.

1. Pierre Rabhi est un essayiste, agriculteur bio, romancier, écologiste, poète français, cofondateur du mouvement Colibris avec Cyril Dion en 2007. L'association s'est donné pour mission d'« inspirer, relier et soutenir les citoyens engagés dans une démarche de transition individuelle et collective ».

3. Des centres-villes moribonds, particulièrement dans les villes moyennes, où les petits commerces mettent la clé sous la porte, victimes de la concurrence à peine loyale des mastodontes de la distribution en gros. Un certain nombre d'espaces publics où il est bon que les habitants se côtoient, se saluent, se rencontrent, pour renforcer le sentiment de sécurité, d'appartenance à une communauté, sont désertés, déstructurés au profit de fourmilières impersonnelles et conçues pour maximiser les mouvements des caisses enregistreuses.

4. L'accélération de l'agonie des petits producteurs, comme cet ouvrage le décrit si bien (je ne m'y attarderai donc pas).

5. L'explosion du gâchis alimentaire.

Un exemple emblématique : la viande. Dans le rayon boucherie (hormis s'il existe un boucher à demeure), vous ne trouverez que les meilleurs morceaux, ceux que les « consommateurs » qui ne bénéficient plus des conseils de leur boucher et qui n'ont plus le temps (ou qui perçoivent les choses comme telles) de cuisiner achètent le plus. Une grande partie de l'animal est donc jetée avant même d'avoir atteint les rayons. Par ailleurs, l'apparence des steaks enfermés dans leurs barquettes de polystyrène recouvertes de film alimentaire ne résiste qu'un petit nombre de jours aux premiers signes de détérioration. Or, ce que le consommateur ne peut accepter, c'est bien que son steak ait l'air un peu rance. Dès que l'aspect se gâte, hop, poubelle à nouveau.

Deuxième exemple bien connu : les dates de péremption. Car il faut bien calculer, en gros – les volumes étant trop importants pour une gestion quotidienne –, quand la nourriture ne sera plus consommable. Résultat : une avalanche de produits tout à fait comestibles (qui n'a jamais mangé un yaourt dont la date est dépassée depuis quinze jours et qui n'a absolument pas bougé de son aspect original) file rejoindre nos morceaux de bidoche, au rebut…

6. L'avènement du suremballage. Pour se distinguer et attirer l'œil, les marques doivent rivaliser d'inventivité, de couleurs alléchantes, de logos, de symboles… Pour être facilement manipulés, transportés, rangés, empilés dans les rayons, les produits ont besoin d'être protégés, empaquetés dans des boîtes carrées, rationnelles (à nouveau). À nous les gâteaux enfermés dans leurs sachets en plastique, enfournés dans une boîte en carton, les yaourts dans leurs pots de plastique et d'aluminium entourés d'un « cavalier » en carton, etc.

7. La standardisation des produits et l'accélération de la destruction des écosystèmes.

D'une part, les grandes surfaces veulent (ou ont voulu pendant des décennies) des produits calibrés et disponibles toute l'année : tomates bien rouges, même en février, toutes du même diamètre ou presque, pommes bien luisantes, carottes bien propres et bien régulières (pas de carottes tordues)… De l'autre, ils réclament d'importants volumes, tant pour satisfaire la demande que pour faire des économies d'échelle. Enfin, il va sans dire que ces denrées doivent coûter le moins cher possible.

Pour satisfaire ces exigences, les agriculteurs ont été amenés à agrandir leurs surfaces et à user de tout l'attirail de l'agriculture industrielle : monoculture, engrais, pesticides, engins, etc. Ils se sont endettés, ont réduit au maximum la main-d'œuvre et produit des quantités faramineuses pour compenser les prix trop bas. Ils ont concentré les poules et les cochons par milliers dans des hangars, les vaches dans des stabulations, les ont nourris avec du maïs et du soja souvent OGM et souvent importés, ont dû les traiter massivement aux antibiotiques pour remédier aux infections que la mauvaise alimentation, la privation d'espace, de lumière et la promiscuité engendrent… Sans compter la concurrence internationale induite par le libre-échange et les produits qu'on a fait voyager des milliers de kilomètres pour satisfaire nos envies déconnectées des rythmes et des saisons. Aujourd'hui, l'agriculture industrielle est incriminée comme l'une des premières causes de déforestation, de disparition des espèces, de pollution des sols et de l'eau, d'érosion des sols, de réchauffement climatique et de prolifération dans nos corps et dans la nature de perturbateurs endocriniens (les substances chimiques contenues dans les pesticides, herbicides, fongicides…).

8. La concentration du pouvoir et de la richesse.

Ce modèle a si bien fonctionné, s'est tellement imposé comme l'incontournable de nos modes de vie que quatre centrales d'achat (Carrefour, Système U/Auchan, Leclerc, Casino/Intermarché…)

concentrent 92,2 % des ventes en valeur (et 88,5 % en volumes) de « produits de grande consommation et frais libres services ». Et il en va de même à l'échelle européenne. C'est ce qu'on appelle l'effet nœud papillon. La majorité des producteurs d'un côté, la majorité des consommateurs de l'autre et, au milieu, la gare de triage que constituent ces cinq ou six sociétés. Ce qui leur donne un pouvoir considérable pour fixer les prix, influencer les conditions de production, déterminer l'avenir du modèle agroalimentaire français. Un pouvoir déraisonnable. Car, comme le répètent à l'envi des personnalités comme Pierre Rabhi ou Vandana Shiva[1], celui qui contrôle la chaîne alimentaire contrôle la population.

De surcroît, si les producteurs ont de plus en plus de mal à joindre les deux bouts, les actionnaires de ces compagnies, eux, se portent plutôt bien. Deux chiffres permettent de mesurer la profitabilité (certes légèrement en baisse) du modèle de la grande distribution : la famille Mulliez (Auchan) est en 2017 la quatrième fortune de France, Wallmart, la plus grande enseigne de la grande distribution aux États-Unis et sans doute dans le monde, est tout simplement la plus riche entreprise de la planète en termes de chiffre d'affaires…

1. Née en Inde, Vandana Shiva est une écologiste, essayiste et militante féministe. Elle défend une agriculture paysanne traditionnelle et biologique et se bat contre les OGM. Elle a reçu de nombreuses récompenses, dont le prix Nobel alternatif en 1993.

9. Destruction d'emplois.

L'implantation d'une grande surface est bien souvent accueillie avec satisfaction par les élus locaux. D'une part pour la taxe foncière et professionnelle et, de l'autre, pour la création d'emplois que cette installation est supposée générer.

Mais sommes-nous bien sûrs qu'un hypermarché crée un solde positif d'emploi ? Dans son enquête *Les Coulisses de la grande distribution*, Christian Jacquiau avance un autre chiffre : pour un emploi créé dans la grande distribution, ce sont trois à cinq qui disparaissent dans le tissu local : agriculteurs, commerçants, etc.

Au contraire, plusieurs études menées aux États-Unis ou au Royaume-Uni montrent que pour chaque euro qu'une personne dépense dans une entreprise locale et indépendante, l'impact sur l'emploi est deux à quatre fois supérieur à un euro dépensé dans une entreprise multinationale. Et ce n'est pas tout : il est aussi deux à quatre fois supérieur en termes de revenus pour la population, d'argent collecté par les organismes de charité, de taxes perçues par la municipalité…

Vivre sans supermarché n'est donc pas un acte anodin. Ce n'est pas une lubie rigolote. C'est choisir un autre modèle de société. Opter pour des circuits courts – un circuit court est « un mode de commercialisation des produits agricoles qui s'exerce soit par la vente directe du producteur au consommateur, soit par la vente indirecte, à condition qu'il n'y ait qu'un seul intermédiaire entre l'exploitant et le consommateur », selon la définition du ministère de l'Agriculture –, si possible en bio, aide à mieux répartir la richesse, à créer plus d'emplois, encourage un modèle agricole qui respecte la nature, réduit le gaspillage alimentaire, les déchets et souvent les émissions de gaz à effet de serre.

Mais cela permet également de manger des produits plus savoureux, parfois de faire des économies, de savoir où et comment notre nourriture est produite, de tisser des liens, d'éprouver une indistincte satisfaction à ne pas participer à un système absurde.

Autant de choses que démontre avec un enthousiasme communicatif cet ouvrage, qui, je l'espère, vous donnera envie de tenter l'aventure !

Cyril Dion
Réalisateur du film *Demain*

# Avant-propos

Branlebas de combat dans la ferme de Jean Médard, agriculteur et voisin de ma mère, dans le nord du Cotentin. Le Normand n'a pas encore 60 ans mais il a décidé de tout arrêter. Il vend ses vaches, ses terres, ses tracteurs, ses installations. Il se sépare de ses biens et de ses animaux pour prendre sa retraite… un peu plus tôt que prévu. « Le métier n'est plus rentable », souffle le colosse de 1 m 94. Le fils, petit-fils et arrière-petit-fils de paysans a pourtant déjà connu des crises, mais celle-là est plus longue, plus vorace, plus destructrice que les précédentes. Elle s'installe et emporte les petits paysans les uns après les autres.

Celui qui a repris l'exploitation familiale connaît par cœur Quettehou, sa commune, et fait le décompte des fermes en sursis. « La liste est longue », lance l'éleveur, la gorge serrée. « Il y a la ferme d'Yves de l'autre côté du village, celle du Val-Vacher, l'éleveur qui longe le bois du Rabey… Ils arrêtent tous ! À ce rythme-là, dans dix ans, il n'y aura plus aucun agriculteur dans le village », lâche le fermier, nostalgique d'une époque où les petits producteurs ne se demandaient pas comment survivre. C'est aujourd'hui son tour et il ne trouve pas de repreneur. Seules quelques terres seront cédées à un jeune qui a « bien du courage ». Il est inquiet pour sa profession, pour son village et ceux qui y habitent.

Ces quelques phrases échangées au hasard d'une rencontre entre les portails qui séparent sa ferme de notre maison familiale me hantent. Je veux mieux comprendre cette situation. Je retourne voir Jean Médard, qui a accepté de se confier. Il me donne rendez-vous au moment de la traite des vaches pour me dévoiler son quotidien, ses difficultés et m'éclairer sur une crise que je n'avais, jusqu'alors, appréhendée qu'à travers mes lectures. En confiance, le petit exploitant se livre sans fard. L'éleveur laitier, qui pilote une ferme de 43 hectares et 25 vaches, m'explique les affres de sa profession. Son récit m'a ouvert les yeux sur un métier en plein déclin. À quelques mois de la retraite, il dresse un bilan parfois amer d'une vie dédiée à l'agriculture. À l'aube de ses 60 ans, il travaille encore soixante-dix heures par semaine et n'a jamais pris de vacances. « Il y a quelques années, j'ai dû faire un séjour de quatre jours à l'hôpital pour une opération du genou. Mais, sinon, j'ai toujours été là pour mes bêtes », lance fièrement le Normand en flattant les flancs de l'une de ses deux vaches allaitantes. En quarante-deux ans de métier, il n'a raté que dix traites. Pourtant, l'exploitant agricole de la Manche perd de l'argent tous les mois depuis deux ans.

Atterrée par ce témoignage, j'ai voulu savoir si d'autres agriculteurs connaissent le même sort. J'ai rencontré et interrogé de petits exploitants, des éleveurs, des maraîchers dans plusieurs régions de France. Tous évoquent une dégradation de leurs conditions de vie. Certains m'ont fait part de leur détresse et d'une incapacité à poursuivre leur activité, en dépit de l'amour qu'ils portent à leurs bêtes et à leur métier. Un couple d'agriculteurs basé à Saint-Laurent-des-Autels, dans le Maine-et-Loire, en est même venu à publier une petite annonce sur le bon coin pour vendre leur ferme pour… 1 euro symbolique ! Un prix évidemment dérisoire, car l'objectif du couple à l'origine de cette annonce est tout autre : alerter sur leurs conditions de vie et les difficultés financières qu'ils rencontrent. L'épouse de l'exploitant, Mélissa Chevalier, m'explique qu'ils ne vendent pas « pour cause de retraite, ni de maladie, mais pour leur survie ». Les jeunes agriculteurs se disent « passionnés » mais « dégoûtés de se lever le matin. La France arrivera à faire mourir de faim ceux qui la nourrissent », déplorent-ils. Comme Jean Médard, ils perdent de l'argent, 8 000 euros par mois. Le foyer s'en sort car ils vivent sur la trésorerie de la ferme, accumulée précédemment, et aussi car l'épouse a une activité professionnelle extérieure à la ferme.

J'enchaîne les rencontres avec des agriculteurs en très grande difficulté. Les paysans que j'ai rencontrés ne quittent ni leur région ni leur ferme, prennent rarement des jours de repos et certains ne sont même jamais partis en vacances. Ils soignent leurs bêtes tous les jours, de l'aube à la tombée de la nuit. Et pourtant, depuis plusieurs années, ils ne sont plus capables de se verser de petits salaires, ni même de couvrir leurs frais. Voilà la réalité en France aujourd'hui : les agriculteurs ne sont plus en mesure de vivre décemment de leur métier, alors même qu'ils travaillent sans discontinuer. Pour une grande majorité des exploitations, le chiffre d'affaires ne couvre plus les charges. Afin de compenser, les agriculteurs réduisent leurs charges, retardent leurs investissements et se rémunèrent peu ou pas. Dans un tel contexte, la situation des agriculteurs ne cesse de se fragiliser. Pour beaucoup, elle devient même intenable, en particulier pour les petits exploitants.

La crise agricole fait des ravages : Il ne se passe pas une journée sans que nous parlions des difficultés des agriculteurs, avec 3 % des exploitations qui cessent leur activité chaque année. Des observateurs évoquent même la disparition des paysans en France d'ici seulement quelques années. De fait, en soixante ans, la France a divisé par plus de six le nombre de ses agriculteurs. Ils étaient plus de 6 millions sur le territoire en 1955, ils ne sont plus que 850 000 aujourd'hui. Dans les années 1960, la très grande majorité de Français comptait au moins un agriculteur dans sa famille – mais ces liens se sont éloignés. Plus alarmant encore, ce phénomène s'accélère avec la rapide diminution du nombre de petites fermes. En vingt ans, plus de la moitié des exploitations agricoles ont disparu : elles ne sont plus que 450 000 aujourd'hui. Et le mouvement s'accentue encore puisqu'un agriculteur sur dix est au bord du dépôt de bilan.

De nos jours, un agriculteur sur cinq perd de l'argent en exerçant son métier, selon la Mutualité sociale agricole, la MSA, tandis qu'un sur trois gagne moins de 350 euros par mois. Surendettés et dans l'incapacité de rembourser, de nombreux agriculteurs vont encore devoir mettre la clé sous la porte.

*

Pourquoi notre agriculture est-elle aux abois ? Des problèmes structurels se mêlent à des événements conjoncturels. Les crises récurrentes que nous connaissons ces dernières années, comme celle du porc ou du lait, font éclater au grand jour le profond malaise que traverse notre agriculture. La récente passe d'armes entre les producteurs de lait et le géant Lactalis illustre ces difficultés. Les grandes coopératives agricoles ne défendent plus les intérêts des producteurs et font pression sur les prix pour acheter la marchandise au prix le plus bas. Les petits exploitants n'ont d'autre choix que de vendre à perte, une situation intenable... Plus globalement, c'est tout le modèle économique de la grande distribution qui est devenu contre-productif. La loi de modernisation de l'économie de 2008 a largement permis de redonner du pouvoir d'achat au consommateur. À quel prix ? La paupérisation des producteurs.

Toute la grande distribution est aujourd'hui pointée du doigt. Elle est accusée de réaliser d'importantes marges au détriment des exploitants pour mener une « guerre des prix » sans merci. Le prix payé à l'agriculteur est systématiquement établi en fonction de la marge que veut empocher le distributeur. En tant que journaliste spécialisée en économie, je cherche à vérifier ces accusations maintes fois entendues lors des mobilisations d'agriculteurs. Je cherche des chiffres, des études, des données sur la question, mais je ne trouve rien de précis. C'est un peu comme la recette du Coca-Cola, tout le monde semble la connaître mais personne ne la divulgue. À défaut d'obtenir des chiffres officiels sur les marges de la grande distribution, je décide de collecter cette information à la source, auprès des agriculteurs eux-mêmes.

Ainsi, Jean Médard m'explique que, dans sa petite ferme peu mécanisée, un litre de lait lui coûte plus de 30 centimes à produire, pour nourrir ses vaches, payer les frais et entretenir sa ferme. Or la coopérative de lait locale dont il dépend ne lui achète son litre de lait que 20 centimes. Chaque litre de lait produit lui coûte donc un tiers de plus que ce qu'il ne lui rapporte. Tout le paradoxe est que ce même litre de lait est ensuite revendu autour d'un euro en grande surface. « Le pire, c'est la viande », affirme l'agriculteur. « Aujourd'hui, les marchands de bêtes nous l'achètent 3 euros le kilo de carcasse. On la retrouve ensuite à plus de 20 euros le kilo dans les rayons des supermarchés. Que ce soit pour le lait ou la viande, on peut multiplier par six le prix d'achat pour obtenir le prix de vente dans les grandes surfaces », confie l'éleveur de vaches laitières. « C'est un métier difficile et qui ne va pas s'améliorer. On gagne de moins en moins bien sa vie. Si je compare, en 1983, on nous achetait notre viande à peu près au même prix qu'aujourd'hui, alors que le coût de la vie a flambé, à commencer par nos coûts. Depuis 1980, le montant de mes charges a triplé pour une surface d'exploitation inchangée », souligne l'exploitant. Résultat : l'agriculteur perd de l'argent et vit sur ses économies, alors même qu'il doit maintenir sa ferme, entretenir ses terres et ses vaches. La solution ? « Revaloriser le prix du lait et de la viande et baisser les marges de la grande distribution, sinon on ne vit plus », confie le producteur. L'éleveur dépend du système des grandes surfaces, car il ne peut vendre son lait directement aux consommateurs. Tributaire d'un système déséquilibré et à bout de souffle, le célibataire normand a décidé de cesser son activité plus tôt que prévu.

Même si ce système n'est pas seul responsable du malaise agricole en France, le rapport de forces entre producteurs et distributeurs n'a cessé de se dégrader au détriment des agriculteurs. En dix ans, les paysans ont perdu plus de 30 % de plus-value au profit des transformateurs et distributeurs. Une décennie plus tôt, sur 100 euros de produits agricoles, 35 revenaient aux distributeurs et 30 aux agriculteurs. Aujourd'hui, moins de 20 reviennent aux agriculteurs, selon l'Observatoire de la formation des prix et des marges des produits alimentaires… En circuit court, la répartition est tout autre. Sur 100 euros dépensés dans l'alimentaire, entre 44,5 et

78,50 euros reviennent au producteur. Cette répartition plus favorable aux producteurs s'explique aisément. Ceux qui vendent en circuit court remplissent plusieurs fonctions, celles d'agriculteurs, de transformateurs et de commerçants. Cette pluridisciplinarité est aujourd'hui la clé d'une agriculture heureuse. À ce titre, de plus en plus d'exploitants se tournent vers cette solution et court-circuitent la grande distribution. Un mouvement est en marche. Ces constats m'incitent à me tourner vers ces nouveaux modes de distribution, à trouver des alternatives aux supermarchés, salut d'une agriculture aux abois.

Mais, pour que les circuits courts puissent voler au secours des petits producteurs, il faut que les consommateurs répondent présent. Les Français sont-ils prêts à se détourner de la grande distribution pour adopter les circuits courts… Pour le savoir, je décide d'interroger mon entourage et les internautes sur les réseaux sociaux. Intimement convaincue que les produits achetés en circuit court sont plus chers que ceux issus des grandes surfaces, je veux aussi savoir si les Français sont prêts à dépenser plus pour changer cette intenable situation. Ainsi, à la question : « Êtes-vous prêt à payer plus cher des produits alimentaires pour aider les agriculteurs français ? », les internautes ont massivement répondu oui, à 65 %. Ce résultat me surprend et me conforte dans l'idée que les Français sont disposés à adopter de nouveaux modes de consommation. Je veux en savoir plus, je veux comprendre ce qui motive ces consommateurs, prêts à dépenser plus pour soutenir les agriculteurs. Je veux savoir ce qu'ils sont prêts à faire, ce qu'ils font déjà, comment ils font, quelles solutions ils privilégient, et pourquoi.

Pour obtenir ces réponses, je me tourne vers les réseaux sociaux, et Facebook en particulier, qui m'est d'une grande aide ! J'entre en contact avec des inconnus qui me livrent alors fièrement leurs solutions, organisations et astuces pour privilégier les produits de proximité, en circuit court, sans se ruiner. Très concernés par la question, les Français ainsi contactés ne sont pas avares de conseils. Conscients des difficultés des agriculteurs et des revers de la grande distribution, mais aussi inquiétés par les récents et nombreux scandales alimentaires, les consommateurs recherchent des systèmes plus transparents et privilégient ainsi les circuits courts, les produits bio ou labélisés… Une personne estime même que la solution à la crise agricole serait d'« encourager les petits producteurs soucieux de la qualité et de boycotter les supermarchés ». Cette recommandation m'apparaît alors comme une évidence. Et si je tentais l'expérience…

Mais pouvons-nous réellement vivre sans ces grandes surfaces, nous, les champions mondiaux des supermarchés ? Pour répondre à cette question, j'ai voulu relever le défi de vivre sans mettre les pieds dans un supermarché.

## Le défi 100 jours sans supermarché

L'expérience a été un chamboulement dans mes habitudes ! Habitant en banlieue parisienne avec mon compagnon, le week-end, nous nous rendions sur le marché de la petite ville où nous vivons. Mais, par solution de facilité, je réalisais le plus gros de mes achats en grande surface. Par acquit de conscience, je privilégiais les produits estampillés bio, dans des supermarchés qui me semblaient offrir des produits de meilleure qualité, mais c'était mon unique effort. Je connaissais pourtant le système et les bienfaits de ces circuits courts tant pour les agriculteurs que pour les consommateurs, mais je n'avais jamais franchi le pas. J'avais aussi entendu parler de systèmes alternatifs comme celui des Amap (Association pour le maintien d'une agriculture paysanne) mais sans jamais avoir pris la peine de me renseigner et surtout de passer à l'acte. Je n'avais pas non plus mesuré l'ampleur du malaise agricole en France, je n'avais pas réalisé à quel point la grande distribution fragilise nos agriculteurs.

Il va donc me falloir revoir complètement mes habitudes et trouver des astuces et nouveaux lieux de consommation. Pour que l'expérience ait réellement du sens, je me fixe plusieurs règles. Je décide d'exclure tous les supermarchés et supérettes, même bio, quelles que soient les enseignes. Je limite aussi au boulanger, parfois au fromager, et moins souvent au boucher, mes achats dans les petits commerces de bouche de proximité. L'idée est en effet de découvrir des circuits courts, même en proche banlieue parisienne, où la première ferme est située à plus d'une centaine de kilomètres. Aujourd'hui, 21 % des exploitants vendent en circuit court, soit un peu plus d'un producteur sur cinq. Ce mode de distribution est en accord avec la finalité de l'expérience « sans supermarché » que je me prépare à vivre. Le but étant de privilégier les systèmes les plus vertueux pour les producteurs. L'objectif de cette expérience est également d'évaluer les conséquences de cette nouvelle vie sur mon budget ainsi que sur la qualité et la quantité de mes achats. Le postulat de base : je dépenserai plus en me passant des supermarchés. Seulement je ne sais pas dans quelle proportion, ni combien de temps j'y consacrerai.

À cette fin, et pour établir une comparaison, j'ai décidé de me rendre uniquement en supermarché avant de débuter l'expérience. Je m'approvisionne dans les grandes enseignes les plus proches de mon domicile, ce qui me servira par la suite d'élément de comparaison. Durant un mois, je réalise donc l'intégralité de mes achats en grande surface, sans faire de stocks mais en tenant scrupuleusement un carnet de comptes. Ainsi, en janvier, j'ai dépensé un peu plus de 300 euros dans les grandes surfaces, soit environ 80 euros par semaine. Un chiffre globalement conforme aux dépenses des Français, qui, selon l'Insee, consacrent 3 600 euros par an et par habitant pour l'alimentation, soit 295 euros par mois.

J'étais heureuse de relever ce défi, qui a suscité quelques sarcasmes dans mon entourage et des moqueries au bureau ! Ce défi paraissait en effet impossible à relever aux yeux de certains. On m'a demandé si j'avais l'intention de faire pousser mes carottes et tomates au pied du journal – ce qui me donnera quelques idées par la suite ! D'autres s'amusaient à m'imaginer sans aucune hygiène, sans savon ni dentifrice. Preuve en est que les supermarchés ont su se rendre indispensables. Ils font partie intégrante de notre quotidien, au point que vouloir s'en débarrasser peut apparaître comme un véritable parcours du combattant... Il faut dire qu'en France nous sommes les champions toutes catégories des supermarchés, devant les Américains. La taille des grandes surfaces ne cesse de s'agrandir et leur implantation entraîne la mort des petits commerces locaux. Dans le secteur de l'alimentation non spécialisée, les grandes surfaces représentaient au total 91 % de la surface de vente en 2009, soit 2 points de plus qu'en 2004, selon l'Insee. Une telle suprématie explique notre dépendance à ce modèle et notre incapacité à envisager de nous en passer.

Toutefois, les aspirations à changer de modèle alimentaire sont nombreuses. Ainsi, l'évocation de l'expérience a aussi généré beaucoup d'enthousiasme, auprès de mes proches notamment. Mon compagnon a été concerné au premier chef ! Dès le départ, il m'a aidée et m'a accompagnée dans mes périples. Ma mère était aussi très intéressée et mon cousin, fervent défenseur des circuits courts, m'a prodigué de précieux conseils. J'ai aussi été encouragée par mes amis, mes connaissances, et aussi sur les réseaux sociaux, à l'image de ce tweet reçu en début d'expérience, « Woman vs wild : une journaliste du *Figaro* va tenter de vivre un mois sans supermarché. Suivez ses aventures => @Mathgolla » ! Teinté d'ironie, le court message est assez représentatif des réactions que j'ai reçues, les gens étaient tout à la fois amusés, intrigués et impatients de connaître les conclusions de cette enquête.

L'intérêt suscité par l'expérience a très largement dépassé mes attentes. Que ce soient les adeptes des supermarchés ou au contraire leurs détracteurs, le thème du défi intéresse tout le monde. Nous faisons tous nos courses et nous nous sommes tous posé des questions sur ce système d'alimentation industrielle. Des questions d'ordre pratique m'étaient régulièrement posées : comment je parviendrais à me procurer certains produits traditionnellement achetés en grande surface, comme la lessive, les produits d'entretien ou le papier toilette, sans faire exploser mon budget. Des questions auxquelles je ne pouvais évidemment pas répondre avant de débuter l'expérience. Je vais aussi devoir cesser d'avaler des produits industriels, des sucreries, gâteaux et autres habitudes alimentaires et solutions de facilité adoptées depuis des années. Pourrai-je trouver des substituts en circuits courts ou devrai-je m'en passer ?

Pour m'aider à trouver rapidement des réponses à toutes ces questions et à commettre le moins d'erreurs possible, j'ai aussi sollicité les internautes. Là encore, l'expérience participative a suscité un réel engouement sur Twitter et Facebook, ce qui m'a été d'une grande aide. De nombreux habitués des circuits courts m'ont donné des conseils, astuces, recettes, bons plans et adresses pour réussir cette expérience. J'ai été grandement épaulée par l'équipe des réseaux sociaux, ils ont su relayer avec talent et imagination mes appels au secours ! Ainsi mis à contribution, des internautes ont participé à la réussite de ce défi. Au lancement de l'expérience, j'ai publié un papier pour expliquer mon défi, ma démarche et demander des conseils. L'article a immédiatement été partagé sur Twitter, Facebook et les commentaires des internautes ont afflué. Jusqu'à présent peu active sur Twitter, je suis vite devenue accro aux doux gazouillis de mon téléphone ! L'oiseau bleu me signale l'afflux de nouveaux abonnés et m'adresse les réponses des twittos à mes appels au secours. Ainsi, Laure me recommande de me rendre sur « les marchés le week-end, les paniers bios et sur internet plein de contacts directs du producteur au consommateur, pour l'épicerie coopérative bio ». Pas le temps de réfléchir, une nouvelle notification, d'Anne cette fois, qui me conseille les « potagers participatifs et la poule à la maison ». Pour la poule, je suis tentée, mais je ne suis pas certaine qu'elle puisse s'accommoder de 10 mètres carrés de terrasse en pleine ville ni de la cohabitation avec le chat, et puis les relations avec mes voisins risqueraient de s'en trouver altérées ! Quant à la question des produits ménagers, Pauline a la solution : il faut que je me procure du « citron, vinaigre blanc et du bicarbonate ». Je note précieusement ces ingrédients sur ma liste.

Les messages continuent à déferler sur mon téléphone. Je m'en réjouis, mais j'ai à peine le temps de répondre à tout ce flot de conseils bienveillants. Certains me recommandent la cueillette de fruits et légumes dans les champs, mais en plein mois de février je crains que les choix ne soient limités ! Enfin, je le note et verrai bien le moment venu. D'autres me conseillent de privilégier les magasins de petite taille, spécialisés dans les produits régionaux et de saison, de me tourner vers les sites de vente en ligne, les Amap, les paniers bio, La Ruche qui dit oui, les magasins paysans, les solutions maison pour fabriquer soi-même ses détergents, les applications ou sites Internet pour se procurer des produits locaux… Des créateurs d'Amap ou de sites de vente de produits locaux m'invitent à me rendre sur leur site. Je débute donc l'expérience avec une longue liste de solutions à expérimenter, et des conseillers prêts à me guider partout en France !

En échange de ce coup de pouce, je m'engage à raconter mon expérience au fur et à mesure, via des articles hebdomadaires et sur Twitter grâce au #UnMoiSSanssupermarché. Pour corser encore un peu les choses, j'avais également suggéré aux internautes de me soumettre des défis intéressants via Twitter ou Facebook !

Voici le récit de cette expérience, des meilleures astuces testées, des initiatives qui marchent, avec la participation de citoyens partout en France qui ont fait le choix de cette consommation.

# Semaine 1

# Les premières déconvenues

## Éviter les pièges sur les supermarchés

Après avoir passé un mois à me nourrir uniquement de produits de supermarché, après avoir vidé mon réfrigérateur et mes placards des biens périssables, je lance l'expérience. Le top départ est donné depuis Marseille. Car la première semaine du défi « sans supermarché » se fait dans la cité phocéenne, où je passe des vacances avec mon compagnon. Je connais peu cette ville, mais je découvre rapidement l'existence d'un vaste marché qui se tient toute la journée du lundi au samedi, dans le quartier de Noailles, dans le premier arrondissement de Marseille. Je m'y rends, place des Capucins.

Situé derrière la Canebière, ce marché populaire brasse toutes les communautés de la ville. Les stands éphémères côtoient les boutiques permanentes des poissonniers, charcutiers et des cafés. Des magasins spécialisés prolongent ce point de rencontre alimentaire cosmopolite et offrent un bouquet de saveurs bigarrées. Les multiples odeurs s'entremêlent et font voyager les papilles entre les pitas encore fumantes, les poissons et coquillages frais, le gingembre comorien pilé, le curry indien, les quartiers d'orange siciliennes, les litchis réunionnais décortiqués, les feuilles de brick qui sortent du four, les beignets au miel encore chauds, les jus de fruits fraîchement pressés... Les clients sont nombreux et les vendeurs tentent de les attirer avec des promotions toutes plus alléchantes les unes que les autres.

Au milieu de ce brouhaha incessant s'enchevêtrent les étals des maraîchers. Parmi eux, Pascal, qui jouxte la bouche de métro, propose un stand très fourni : des oranges, clémentines, tomates, choux, herbes aromatiques, avocats, kiwis, ananas... J'ai l'embarras du choix. Trop de choix pour que les produits puissent être tous « *made in France* ». Le vendeur me le confirme, sans détour. L'homme est pressé, la file d'attente des clients s'allonge ; il prend le temps de m'expliquer qu'il achète tous les matins ses fruits et légumes au « carreau des producteurs ». Nous sommes en février et il y trouve peu de choses. Pour continuer à proposer des produits variés à ses clients, il dit se tourner vers des grossistes qui s'approvisionnent en Espagne, en Italie ou au Maroc, notamment. Avec cette solution, ses étals sont fournis, colorés et diversifiés tout au long de l'année, même en hiver, un moyen pour lui d'attirer le chaland. Car la concurrence est acharnée sur cette place noire de monde et remplie d'autres stands semblables à celui de Pascal. On trouve les mêmes fruits et légumes chez ses voisins, les produits sont tout aussi diversifiés et viennent, pour la plupart, de l'étranger. Parmi tous ces marchands, impossible de trouver un producteur, seuls des revendeurs qui s'approvisionnent auprès de grossistes tiennent les stands.

Malgré l'enivrement procuré par ce lieu très cosmopolite, j'hésite à y faire quelques emplettes. Je doute que des achats sur ce marché soient un moyen de défendre les producteurs français. Dans le même temps, je me dis que je n'enfreins pas non plus les règles fixées au lancement du défi. Je décide de couper la poire en deux et d'acheter le strict minimum. Je privilégie les produits français autant que possible : j'achète quelques tomates, salades, persil, citrons, puis du poisson. Mais je limite mes courses. Cette expérience me laisse toutefois un goût amer. Sur le trajet du retour, j'en viens à regretter ces emplettes. J'ai certes boycotté les supermarchés, mais je ne vois pas en quoi ce comportement est plus « responsable ». Consommer des produits qui viennent d'autres pays et qui font intervenir plusieurs intermédiaires ne m'apparaît pas comme un moyen d'aider les agriculteurs français. Mais je ne vais pas rendre ces produits ni les jeter. Je décide donc de les cuisiner. La qualité des produits n'est pas au rendez-vous. Le goût n'est pas très différent de ce que j'avais pu obtenir en me rendant uniquement en grande surface.

Je me renseigne et j'apprends que si les maraîchers vendent leurs produits locaux et de saison à maturité, les grossistes écoulent souvent des fruits et légumes cueillis alors qu'ils n'étaient pas mûrs. Encore verts, ils sont réfrigérés pour pouvoir supporter le transport. En outre, ils ne sont bien souvent pas cultivés dans les mêmes conditions : les revendeurs proposent beaucoup de fruits et légumes cultivés sous serre et rarement des produits bio ou issus de l'agriculture raisonnée, contrairement aux producteurs locaux. Ces circonstances ont, sans surprise, un impact considérable sur la qualité et le goût des fruits et légumes. En plus de proposer des produits de moindre qualité, les revendeurs peuvent pratiquer des prix plus élevés. De fait, la multiplication des intermédiaires qui ajoutent tous une commission au prix payé à l'agriculteur fait gonfler les tarifs des produits.

Je réalise ainsi d'emblée que l'expérience se révèle plus difficile que ce que j'avais initialement imaginé. Il ne suffit donc pas de se rendre sur n'importe quel marché pour favoriser les producteurs. Les quelques doutes et moqueries que j'avais essuyés à l'annonce du lancement de mon défi me reviennent à l'esprit. Suis-je partie trop confiante ?

Je me ressaisis : je ne vais pas baisser les bras au premier faux pas et décide plutôt de tirer des leçons de mon erreur. Habilement conseillée par les internautes, je mets en place un plan redoutable pour ne pas retomber dans les mêmes travers. J'apprends à être sélective, pour remplir mon objectif qui est de consommer local, de saison, et ainsi soutenir les producteurs.

Pour m'assurer que j'ai bien affaire aux producteurs, il faudra que je me renseigne sur les produits en posant un maximum de questions. D'autant que les paysans qui vendent en direct sont fiers de leurs produits et le font savoir. Et si rien n'indique sur leur stand qu'ils sont exploitants, il suffit de leur demander. À l'inverse, les revendeurs restent opaques sur l'origine des produits proposés à la vente - et pour peu qu'ils vendent des ananas et des bananes, il n'y a plus de doute possible ! Les stands peuvent aussi nous renseigner : si la plupart des producteurs présentent leurs marchandises dans des cagettes en bois et sans marque, les revendeurs utilisent des cagettes en plastique vert ou en carton, avec Savéol imprimé dessus par exemple. J'apprends à faire preuve de vigilance… et de ruse !

Je corse donc un peu plus les règles de mon défi et m'interdis les achats de produits issus des grossistes. Ainsi, sur les marchés, il faudra traquer les producteurs, les maraîchers, volaillers, fromagers qui vendent eux-mêmes leurs produits… Et si je n'en trouve pas, je ne poursuis pas mes achats. Cela peut paraître évident pour beaucoup, mais ça ne l'était pas pour moi. C'est donc la toute première leçon et la nouvelle règle que je tire de cette expérience.

## Les marchés de producteurs

Pour éviter de tomber dans cet écueil, il existe des marchés de producteurs. Marseille compte pas moins de six marchés réguliers de produits locaux. Sur Twitter, les Phocéens me guident vers l'un d'entre eux, le marché Sébastopol, dans le 4e arrondissement. Sur ce lieu de négoce, des producteurs locaux ou des commerçants sédentaires des Bouchesdu-Rhône proposent des fruits et légumes, des produits de boucherie et de charcuterie. Les choix sont restreints, tout comme le nombre de vendeurs, mais ici, tous les produits viennent exclusivement de la région. On ne trouve ni bananes, ni ananas, ni fruits et légumes exotiques, mais des étals de clémentines, des carottes, poireaux, choux, betteraves, échalotes, oignons ainsi que des topinambours ou des rutabagas. De vastes stands de fleurs, des violettes, des mimosas, des roses égayent la petite place en ce mois de février. Leur parfum se mêle à celui des pâtés du charcutier et aux effluves de fromages.

On peut également flairer l'authenticité de nos interlocuteurs, le maraîcher a encore de la terre sur les mains. Il nous explique comment il récolte ses légumes et quels sont les produits qui poussent en ce moment dans la région. Poires, poireaux, carottes, rutabagas, topinambours, etc. En plein hiver, nous devons réapprendre à consommer des légumes… d'hiver, logique ! Et oublier les tomates et les fraises que l'on trouve toute l'année en supermarché, ce qui est une hérésie. Au final, sur le seul mois de février, nous pouvons consommer trente-quatre fruits et légumes différents, ce qui laisse de la place à la diversité. Le producteur me convainc ainsi de l'importance de s'alimenter en fonction des saisons.

Je fais quelques emplettes sur ce marché. J'achète des poireaux, des poires, des oignons et un petit rôti de bœuf au boucher de la place. Ragaillardie par ces échanges pleins de bon sens, je me mets aux fourneaux avec enthousiasme. Je mijote une poêlée de poireaux et carottes que je laisse un peu caraméliser.

Le rôti cuira seulement vingt minutes avec quelques oignons. Ce plat simple est un régal. La qualité des produits y est évidemment pour beaucoup.

Je poste des photos des plats ainsi réalisés sur Twitter et les réactions sont unanimes ! Une Américaine conseille même de suivre mes aventures qui « donnent l'eau à la bouche ». *One point* ! Sur le réseau social, je reçois beaucoup d'encouragements. Les quelques critiques du départ laissent place à des messages qui soulignent la pertinence de l'expérience. Je suis heureuse. Je comprends qu'avec un peu de bon sens, quelques efforts et de précieux conseils je peux atteindre mon objectif… Bref moment d'autosatisfaction ! Je ne suis qu'aux prémices du défi, mais après les déconvenues essuyées plus tôt, je suis regonflée à bloc et plus convaincue que jamais de l'intérêt de ma démarche.

Mon enthousiasme est partagé, même au-delà des réseaux sociaux ! De plus en plus de Français veulent en effet consommer local et de saison. Pour accompagner cette demande, des solutions se déploient sur tout le territoire. Les Marchés des producteurs de pays organisent régulièrement des opérations où consommateurs et producteurs se rencontrent. Ce réseau a été mis en place par les chambres d'agriculture et vise à promouvoir les produits du terroir et aider les exploitants qui pratiquent la vente directe à trouver de nouveaux débouchés et conquérir une nouvelle clientèle. Par exemple, à Paris, plusieurs fois par an, les mêmes producteurs viennent de l'Aveyron et de Corrèze pour présenter et faire découvrir leurs produits locaux. Les stands sont tenus par les agriculteurs eux-mêmes qui viennent dans la capitale pour expliquer leur savoir-faire aux Parisiens… et il y a du boulot ! Parallèlement à ces opérations ponctuelles, des marchés permanents de producteurs se déploient partout en France.

Les Français recherchent de plus en plus des produits locaux et une transparence totale sur les aliments qu'ils consomment. Les derniers scandales alimentaires – les lasagnes à la viande de cheval ou les œufs contaminés au Fipronil – ont semé le doute dans l'esprit des consommateurs qui veulent savoir ce qu'ils mangent et ont porté un coup durable à l'agro-industrie. Les nombreuses révélations sur le contenu des plats préparés vendus en grande surface ou les produits agroalimentaires, comme le jambon cancérogène, incitent les Français à réorienter leurs achats, à se soucier davantage de la composition des produits achetés et à s'inquiéter de l'impact de la malbouffe sur leur santé. L'ère des plats lyophilisés aux compositions énigmatiques, prêts en un temps record, est révolue ! Les célèbres « Bolinos », ces petits bols de pâtes desséchées et aromatisées auxquelles il fallait ajouter quelques gouttes d'eau bouillante pour leur donner un aspect comestible, aliments de base des étudiants dans les années 2000, ont moins de succès. Les industriels ont repensé leurs gammes de produits et fait évoluer leur discours marketing pour répondre davantage aux nouvelles attentes des consommateurs. Dans les publicités, les marques mettent en avant l'authenticité des aliments et le savoir-faire des producteurs.

Certains distributeurs affirment même qu'ils disposent de leurs propres fermes et vaches laitières. Ce qui fait pousser des hauts cris aux agriculteurs qui y voient avant tout un moyen de berner les clients.

Les Français ne veulent plus manger « de la merde », comme répétait feu M. Jean-Pierre Coffe. Lorsque je déambule dans les allées des marchés et m'extasie devant une courgette ou une pomme de terre difformes, ou encore un morceau de jambon épais et odorant, je me remémore les marquantes diatribes enflammées du cuisinier et critique gastronomique contre la malbouffe. Avec le recul et à la lumière de l'expérience que je mène, je comprends mieux ses coups de gueule et sa passion pour les produits de qualité. Qu'il se rassure, la relève est bien là pour poursuivre ce combat. Je suis aux premières loges pour observer les initiatives qui émergent partout en France. À Marseille, sous l'impulsion de quelques « activistes gastronomiques » et opposants à l'agroalimentation tueuse de paysans, la ville se convertit aux produits locaux et de qualité à des prix abordables. Outre les marchés de producteurs, les solutions de circuits courts sont nombreuses dans la cité phocéenne.

## Découverte des épiceries paysannes

Avide de les tester, j'ai suivi d'autres recommandations des internautes. La visite de la ville est ponctuée par la découverte des marchés, magasins paysans et autres lieux de consommation responsable. Guidée par les Marseillais, je me rends dans une épicerie paysanne nommée Les Pissenlits. Basée au cœur du 7e arrondissement, la petite boutique ne vend que des produits locaux et de saison. Le magasin de 80 mètres carrés tout au plus propose des fruits et des légumes issus de petits producteurs locaux, du pays d'Aubagne, d'Aix-en-Provence ou de Gémenos, ainsi que des produits transformés – les gâteaux, confitures, soupes, jus de fruits sont eux aussi de la région, tous concoctés par des artisans locaux. Les fruits et légumes biscornus, malformés, mal calibrés, habituellement rejetés par la grande distribution, comme les pommes de terre « avec des jambes », les tomates « enceintes » ou les courgettes « obèses », sont ici mis à l'honneur. Ils trônent en tête des cageots en bois, ornés de pancartes qui précisent leur statut de « star du jour » ! Ces décorations amusent les quelques clients qui déambulent entre les allées de l'épicerie et remplissent les grands paniers mis à disposition par la boutique. Car ici tout est épuré, naturel, authentique, même les vastes luminaires en osier contribuent à créer une atmosphère tamisée, aux antipodes des longs tubes de néon des grandes surfaces. Cette fraîcheur et cette authenticité sont revendiquées haut et fort par les deux fondatrices des lieux, Camille et Delphine.

Les deux passionnées ont tout quitté pour créer ces lieux. Elles ont abandonné leurs métiers, leurs bureaux et leurs costumes pour se consacrer à leur nouvelle vie. Elles sont aujourd'hui à l'image de leur boutique : sans fioritures ! En jean, veste polaire et cheveux en bataille, Delphine explique que leur objectif est de proposer des produits 100 % paysans et uniquement de saison. Flanquée d'un bonnet et d'une joie de vivre communicative, Camille précise qu'elles privilégient les produits bio ou issus de l'agriculture raisonnée. Le binôme ne travaille qu'avec une poignée de paysans qu'elles connaissent et dont elles apprécient les méthodes de travail. Elles s'approvisionnent tous les jours en produits frais auprès d'eux. Côté rémunération, elles ne négocient pas les prix auprès des producteurs, ce sont eux qui fixent leurs tarifs… « dans les limites du raisonnable ! », ajuste Camille, particulièrement fière de nous montrer une pomme de terre aux formes improbables. « La grande distribution ne l'aurait pas prise, elle aurait été jetée sans jamais atteindre les étals des magasins. Ici, nous les mettons en valeur. Ici, on la voit bien ? », interroge-t-elle.

« Nos prix de vente ne sont pas plus élevés qu'en grande surface, les fruits et légumes sont même moins chers », martèle Delphine. Par exemple, les pommes bio vendues dans l'épicerie paysanne coûtent 3,60 euros le kilo, contre 4,20 euros en moyenne en grande surface. De fait, Delphine est le seul intermédiaire entre le consommateur et les producteurs sélectionnés. Cette réduction du nombre d'intervenants a nécessairement un impact direct sur les prix pratiqués.

Outre l'authenticité, la propriétaire revendique la convivialité de ses lieux. Dans sa boutique, les clients viennent échanger des recettes ou demander des conseils. D'ailleurs, un vaste tableau à l'entrée du magasin propose des plats à réaliser avec des produits de saison vendus en magasin. Les quelques clients de passage interpellent les deux gérantes sur ces recommandations autant que sur la provenance des produits. Le dialogue s'instaure aisément, même entre les clients qui échangent conseils et secrets culinaires ! J'apprécie ainsi une chaleur humaine à des millénaires de l'univers froid et aseptisé des grandes surfaces.

Le concept se répand de plus en plus. Marseille compte une dizaine de boutiques paysannes en centre-ville. Dans la cité phocéenne, les créations de ces épiceries d'un genre nouveau sont accompagnées par l'association marseillaise Filière paysanne. Le réseau souhaite ainsi valoriser les produits des paysans de la région et aider les petits producteurs. La structure a d'ailleurs élargi son champ de compétences et mis en place une plateforme en ligne paysanne locale qui aide les commerçants à se procurer eux aussi des produits locaux. La plateforme se charge de centraliser les demandes des professionnels, publics ou privés, puis de toute la logistique pour les acheminer. Un moyen, là encore, de soutenir les petits producteurs et de dynamiser l'économie locale.

Ma semaine marseillaise touche à sa fin. Je n'aurai pas le temps de découvrir cette association ni d'autres hauts lieux de consommation alternative ancrés dans la capitale régionale.

L'heure est au bilan. Au terme de ces sept jours, j'ai dépensé 47,50 euros et 27 euros de produits d'entretien (qui seront valables pour un an). Alors qu'en janvier j'avais dépensé un peu plus de 300 euros dans les grandes surfaces, soit environ 80 euros par semaine.

Cela dit, je dois l'admettre, dès cette première semaine, j'ai dû me résoudre à enfreindre la règle de base et faire un achat dans une supérette… enfin, indirectement ! Je m'explique. Après avoir sillonné les rues marseillaises à la recherche de l'épicerie paysanne, après avoir prévu tous les ingrédients frais, locaux et de saison pour les repas, je me rends compte que, horreur, malheur… nous n'avons pas de sel. Ce fâcheux et indispensable oubli pourrait compromettre le rendez-vous gastronomique qui anime mes pensées. Je ne connais pas mes voisins et n'ose pas frapper à leur porte pour leur quémander un peu du précieux condiment. La perspective d'un plat raté m'est tout autant insoutenable ! Mon compagnon va donc faire un passage rapide dans la petite boutique de proximité en limitant ses achats à ce seul produit. Il s'en amusera régulièrement par la suite en affirmant que, certes, moi, je ne mets plus les pieds dans un supermarché, mais que je l'y envoie !

Autre observation de cette première semaine, sur les réseaux sociaux, je reçois beaucoup d'encouragements et de conseils, mais aussi des persiflages – bien moins nombreux. Sur Twitter, de nombreux anonymes me qualifient de « bobo » et fustigent une démarche sans intérêt. Qu'importe, mon objectif est de savoir si je peux contourner facilement la grande distribution et consommer autrement pour favoriser les petits producteurs. Si le prix de cette initiative est d'endosser le costume de la bobo citadine aux yeux de mes détracteurs, j'assume et m'en amuse !

LES CONSTATS DE LA SEMAINE :

- Sur les marchés, j'apprends à identifier les producteurs et limite mes achats auprès des grossistes.
- Je consomme des fruits et légumes de saison (même en février, il existe trente-quatre variétés différentes !).
- Les épiceries paysannes se développent et proposent des prix intéressants pour le consommateur et le producteur.

# Semaine 2

## Rencontre avec des producteurs

### Retour aux sources

Début de la deuxième semaine. Je me suis rendue en Normandie, ma terre natale ! Impossible de poursuivre l'expérience sans passer par cette région agricole. D'autant que c'est dans le Cotentin que l'idée du défi a germé, tout comme ma sensibilité pour le monde agricole. Enfant, j'ai passé une grande partie de mes vacances dans cette région. Avec ma horde de cousins du même âge, nous nous retrouvions pendant les « grandes » et « petites » vacances, été comme hiver, chez nos grands-parents, dans un hameau du nord du Cotentin. La maison des retrouvailles familiales était située à quelques kilomètres de la mer, au beau milieu du Bocage normand, entourée de nombreuses petites exploitations. Notre grand-père, ostréiculteur, nous a régulièrement emmenés sur ses parcs à huîtres. Pour nous y rendre, nous traversions la plage en tracteur, une fois la mer retirée. Là, les ostréiculteurs s'affairaient à séparer les huîtres dans les poches dédiées, rattachées aux parcs par de gros élastiques. Ces mêmes morceaux de caoutchouc noirs que nous utilisions pour confectionner nos cabanes dans la forêt attenante à la maison. Plus encore que les parcs à huîtres ou les jeux dans les bois, mes vacances restent marquées par la découverte de la vie agricole. Nous passions des après-midi entiers dans les étables et les prés des voisins fermiers à observer les vaches. Ils nous emmenaient sur leur tracteur et nous faisaient partager leur quotidien. Nous avons même eu le privilège de les accompagner lors de la traite des vaches. Je me souviendrais encore longtemps du goût du lait encore chaud directement sorti des pis de La frisée ou de Violette. J'avais du mal à les distinguer les unes des autres, mais l'éleveur, M. Belin, les reconnaissait toutes. Il les appelait par leur prénom et connaissait leurs habitudes. Chaque jour, il les faisait passer dans une curieuse machine qui aspirait leur précieux nectar. Nous étions fascinés par ce ballet si bien ordonné, et nous étions heureux les jours où il nous faisait cadeau de quelques litres de lait que nous rapportions fièrement à la maison, comme un trophée ! Une prise de guerre qui, nous le savions, ravissait les papilles de notre grand-mère gourmande : ce goût si particulier la rendait nostalgique de sa propre enfance.

## Les ventes directes

Ces souvenirs joyeux et ces odeurs si singulières de lait, de paille et de vaches ont resurgi dans ma mémoire lorsque j'ai visité quelques fermes qui pratiquent la vente directe. Je me suis notamment rendue sur une exploitation qui fabrique des camemberts. « Bienvenue à la ferme du Moulin des Corvées », indique un panneau à l'entrée de la propriété de Samuel et Christine Brostin, basée dans la Manche, au Theil. Tout est dit ! Les deux agriculteurs travaillent beaucoup. « On s'en sort parce qu'on fait des doubles journées, de douze à quatorze heures par jour », confirme Samuel. L'activité est menée tambour battant sur le petit corps de ferme où travaille et vit le couple, avec ses deux enfants. La maison et les bâtiments sont en pierre de taille, à l'exception de l'atelier de fabrication du fromage. Les locaux sont récents et épurés, pour respecter les normes, explique la fermière. Les rôles sont bien répartis au sein du couple : Samuel est en charge de l'exploitation, il entretient la ferme, nourrit les animaux. Il s'occupe aussi de la traite des vaches et cultive les céréales qui servent à alimenter les bovins. Christine Brostin transforme le lait de la ferme en camembert. Caillage, égouttage, salage, moulage, pressage, affinage… la fermière est fière de m'expliquer les étapes de fabrication de son fromage, si emblématique de la région. Elle est très bavarde et même difficile à interrompre ! L'agricultrice est passionnée et me décrit chacune de ses tâches dans les moindres détails. Je l'écoute attentivement, mais les heures passent et son mari nous attend pour traire les vaches.

Lorsque nous le retrouvons, il s'affaire autour du petit cheptel de 24 vaches normandes. Les bêtes, toutes tachetées blanc et marron, sont curieuses et semblent écouter religieusement celui qui les nourrit chaque jour dès 4 heures du matin. Le petit troupeau produit environ 290 litres de lait par jour, ce qui permet au couple de fabriquer entre 12 000 et 14 000 camemberts à l'année. Au prix de 2,90 euros pièce, les agriculteurs disent vivre « correctement, à notre manière, chichement ». La fromagère précise que leurs trois enfants sont boursiers et c'est ce qui leur permet de s'en sortir.

Les producteurs laitiers ont fait le choix de vendre leur production en circuit court, sur les marchés ou directement depuis leur propriété. Un système qui les « sauve », affirme le couple. « Aujourd'hui, on ne subit pas la crise comme les autres agriculteurs, car on ne passe pas par les systèmes traditionnels. On transforme nos produits et on les vend sur les marchés », indique Samuel. Ils reconnaissent que leur métier est difficile, ils ne peuvent pas s'offrir de vacances et travaillent deux fois plus que la moyenne des Français, mais ils sont passionnés et, après dix-sept années de labeur, ils n'envisagent pas de changements. Ils aiment leur métier au point de supporter l'impensable pour le commun des mortels.

Les agriculteurs que je rencontre au gré de mes recherches de produits fermiers partagent tous ce même amour de la profession. L'attachement à la terre, aux animaux, à un métier bien souvent transmis de génération en génération transcende les difficultés. La vocation chevillée au corps depuis tout petits, ils aiment partager leur savoir-faire avec les clients. Sur les marchés, les producteurs sont rarement avares d'explications. Ils sont heureux de parler de leur métier, de dévoiler leurs techniques de production ou leur attachement à leurs bêtes. Même si cela leur prend beaucoup de temps, les époux Brostin apprécient tout particulièrement de vendre leurs produits à la ferme ou sur les marchés. C'est un moyen pour eux de se reconnecter à la vie sociale et de briser l'isolement dans lequel leur métier peut les enfermer. Je comprends mieux pourquoi les marchés sont de véritables rendez-vous pour les fermiers comme pour les consommateurs. Les clients nouent ainsi des liens de confiance avec les producteurs qui sont disposés à livrer leurs secrets de fabrication des fromages ou la technique utilisée pour récolter les navets ou les poireaux.

## Un petit marché bio et ambulant

Pour accroître cette proximité avec les clients et créer des communautés de fidèles, certains exploitants ouvrent les portes de leurs exploitations et d'autres se regroupent entre producteurs pour créer des rendez-vous réguliers. C'est le cas de Flavie de Longcamp et Céline Dulieu, deux femmes de conviction natives du Cotentin. L'une est maraîchère bio dans la permaculture[1] ; l'autre est paysanne boulangère. Elles ont créé ensemble un

1. Le principe de la permaculture est de prendre la nature comme modèle, de cultiver avec très peu de machines, de manière bio et durable. L'objectif est aussi de produire en quantité en diversifiant et en associant les cultures.

marché bio dans la Manche. Les Normandes se sont associées pour organiser trois fois par semaine sur différents lieux des ventes directes de leur production. Tout est artisanal, les produits et les méthodes de vente. Les paysannes proposent leurs légumes et pains bio depuis leur petit marché ambulant confectionné par leurs proches et même chez Flavie de Longcamp une fois par semaine, auprès du four à pain. Dans des cagettes en bois, elles proposent des pommes de terre, navets, champignons issus de l'agriculture biologique, du pain paysan et des produits de la région, le cidre de la ferme du Vastel ou les huîtres non triploïdes de Saint-Vaast-la-Hougue. À tour de rôle, elles tiennent leur « Cabane bio » et répondent aux questions des clients.

Un changement de vie radical pour les deux femmes qui passaient auparavant la plupart de leur temps dans des bureaux. Avant de faire pousser des navets, salades et pommes de terre bio, Céline Duloir était clerc de notaire. Elle a abandonné dix-sept années de notariat pour se consacrer à la permaculture, « l'art de produire en étant au plus près de la terre pour la rendre fertile indéfiniment », selon ses propres termes. « On s'appuie au maximum sur les ressources locales », indique la passionnée, qui utilise également la traction animale pour cultiver la terre. Un choix guidé par « un souci écologique et de rentabilité. Sur les petites surfaces, la traction animale permet de densifier les cultures car on n'a pas la contrainte de l'outil, donc on obtient plus de légumes et on prend davantage soin de la terre », ajoute-t-elle. La fille du pays est née dans la

Manche, à Saint-Vaast-la-Hougue, à quelques kilomètres de sa petite exploitation, mais elle n'était pas issue du milieu agricole. « J'ai eu un déclic en visionnant une vidéo de la ferme biologique du Bec-Hellouin, basée dans l'Eure, qui fait figure de pionnière en matière de permaculture », indique la mère de famille qui cultive moins de 4 hectares de terre. « J'ai suivi une formation et je me suis lancée. J'ai pris un risque financièrement, mais je ne regrette rien », affirme-t-elle, enthousiaste.

Comme sa comparse, Flavie de Longcamp s'est lancée dans la paysannerie après une reconversion. « J'étais assistante sociale à Cherbourg. Puis, pendant mon congé parental, j'ai réfléchi à un changement de vie. Un de mes amis faisait du pain bio, il m'a transmis son savoir-faire puis a facilité mon installation », indique la Normande, implantée à Quettehou, dans le nord du Cotentin. La paysanne boulangère, née à Valognes, commune du Cotentin, fabrique son pain qu'elle cuit au feu de bois dans son fournil depuis le mois de juillet. « Nous avons construit nous-mêmes un four à pain à l'ancienne », indique son mari, Christian.

Avant de créer leur marché ensemble, les deux femmes se sont rencontrées par l'intermédiaire du réseau d'artisans bio de la région. Et leur concept de micromarché bio et paysan a très rapidement rencontré un franc succès dans la région. Un samedi matin, lors d'une vente qui se tenait… face au parking du grand supermarché de la commune, les clients se bousculaient. La petite production a disparu en quelques heures. Les deux paysannes ne pouvaient pas répondre à toutes les sollicitations ! Elles préviennent : si l'on veut avoir le choix des produits, mieux vaut arriver dès l'ouverture de la vente ou faire comme certains habitués : réserver et payer d'avance des paniers de légumes. « Un système qui nous facilite la vie », souligne la maraîchère. Pour satisfaire la demande grandissante des habitués et nouveaux clients, les deux agricultrices augmentent leur production, mais leurs capacités sont limitées par leurs petites structures. La situation de ces deux jeunes paysannes fraîchement converties à l'agriculture biologique est donc bien éloignée de celle des producteurs liés à la grande distribution. La transparence et l'authenticité contribuent largement à leur succès. La réussite de ce modèle tient aussi à la convivialité créée autour des produits. Ainsi, autour de la « cabane bio », certains clients discutent. Stéphanie, cliente régulière, qui commande un panier par semaine, confie avoir « appris le vrai goût des aliments et découvert des nouvelles saveurs ». D'autres échangent leurs astuces de conservation des légumes. J'apprends que les carottes se conservent mieux dans le sable et que, d'une manière générale, les légumes ont une vie plus longue si on les laisse recouverts de terre, qui joue alors le rôle de robe de protection. De même, il vaut mieux éloigner les pommes des autres fruits dans un panier, car elles ont tendance à accélérer le vieillissement de leurs voisins. Quant au pain de Flavie, il peut se conserver plusieurs jours dans un linge humide, là je n'apprends rien ! Et s'il devient trop sec, un adepte des gros pains paysans à la mie très lourde me conseille de le passer rapidement sous l'eau puis de le laisser se réchauffer au four quelques secondes, et il retrouvera son croustillant ! Tous ces conseils me sont précieux et me font prendre conscience de la nécessité de mieux gérer mes aliments. Le gaspillage alimentaire est en effet un véritable fléau.

Je repars donc avec de nombreuses recommandations et un panier garni de poireaux, navets, carottes, endives, choux, pommes de terre, le tout bio et payé 12 euros. Le kilo de pommes coûte quant à lui 3,10 euros. J'ai aussi acheté 500 grammes de pain bio de Flavie pour 2 euros. Pour compléter mes achats, je me rends dans les petits commerces de bouche de la région, le boucher notamment. Puis, sur le port, je vais me procurer quelques poissons directement auprès des pêcheurs. Ils sont de plus en plus nombreux à proposer directement leurs poissons et coquillages fraichement pêchés aux clients dans de petites poissonneries artisanales installées le long des quais les jours de marché.

Ces scènes truculentes animent la vie du port. Le moteur encore fumant, le bateau tout juste immobilisé à quai, les marins ne perdent pas de temps et trient grossièrement leur pêche. Ils rejettent à la mer les viscères des poissons ou les pinces trop petites des crabes entremêlées dans les casiers. Les morceaux de poisson n'ont pas le temps de toucher l'eau, ils sont rattrapés en vol par la flopée de mouettes à l'affût des moindres faits et gestes des hommes en ciré jaune. Alertés par les cris stridents des oiseaux marins en plein festin, les badauds s'approchent du bateau. Ils sont au spectacle. Puis les pêcheurs installent un stand de fortune avec de gros blocs de glace pour présenter leur pêche aux clients présents. Ils y déposent leurs poissons, tourteaux, coquilles Saint-Jacques ou moules lorsque c'est la saison. La vente peut débuter. Les poissons ainsi vendus sont ultra-frais. Les gens observent les poissons et coquillages et achètent ou non la marchandise. Inutile d'avoir des exigences particulières, ici les pêcheurs vendent uniquement ce qu'ils remontent de la mer. Il faut donc adapter ses plats et ses goûts à la pêche du jour ! Ce jour-là, j'ai acheté deux colins.

### Une boutique de producteurs

Pour compléter mes achats, je me rends à La Verdura, une épicerie paysanne où les agriculteurs viennent directement déposer leurs produits. La vaste boutique a été créée par un maraîcher et l'on y trouve quasiment exclusivement des produits locaux : des fruits, des légumes, du lait, du beurre, du fromage et quelques produits transformés : des jus de fruit, du cidre et du calva, évidemment, mais aussi des gâteaux, des confitures, du miel... Tout ce que les exploitants de la région produisent. Les fromagers, maraîchers, artisans locaux viennent ainsi vendre leurs produits. Comme aux Pissenlits, l'épicerie paysanne de Marseille découverte la première semaine, les agriculteurs fixent leurs tarifs. Pour le consommateur qui accepte de manger local et de saison, les prix sont très intéressants. Les fruits et légumes ne sont pas exclusivement bio, mais les agriculteurs présents dans cette épicerie produisent en « agriculture raisonnée », ce qui signifie qu'ils ont un recours limité aux produits phytosanitaires. Là encore, le concept a séduit, car la petite structure ne cesse de s'agrandir. Aujourd'hui, le magasin est vaste – enfin, à des années-lumière de la taille des supermarchés ! –, mais, pour une épicerie paysanne, les quelques centaines de mètres carrés de ce lieu sont plus spacieux que les boutiques marseillaises ; le coin des fruits et légumes occupe une grande partie du magasin. La transparence sur l'origine des endives, navets et betteraves, pommes de terre ou herbes aromatiques est totale. Comme aux Pissenlits, les légumes « mal calibrés », avec des formes biscornues ou des tailles non conventionnelles, sont proposés – un coin leur est même dédié, où ils sont vendus un peu moins cher que leurs homologues aux normes. La boutique fait aussi la chasse au gaspi en proposant à des prix très intéressants des produits qu'il faut consommer rapidement. J'achète du beurre, des œufs, du fromage, du jambon, quelques gâteaux et des yaourts.

Sur la semaine, je me régale avec un plat d'endives au jambon, un « fish and chips » maison avec les colins achetés sur le port, un bœuf-carottes, un plat de lasagnes de chèvre et chou et d'autres recettes plus simples. Au total, je dépense 54 euros. À ce stade, je ne suis pas en mesure de savoir si je dépense plus ou moins en contournant la grande distribution. Les choses ne me paraissent pas évidentes. J'ai le sentiment que les produits artisanaux transformés comme les yaourts ou le fromage sont un peu plus onéreux. Mais une chose est certaine : le goût des aliments est très éloigné de ce que proposent les supermarchés. Le fromage, les yaourts, le poisson, les fruits et légumes… tout ce que je cuisine est radicalement différent. Mon regard sur mon alimentation évolue. Je commence à prendre conscience de la nécessité de mieux orienter mes achats.

Je comprends également que mes nouvelles règles de vie me prennent plus de temps. Sur ces deux premières semaines, j'étais en vacances, c'est pourquoi j'ai pris le temps de mieux comprendre les enjeux du défi : je me suis intéressée de près aux producteurs en me rendant directement dans les fermes, j'ai rencontré des nouveaux agriculteurs qui ont une idée plus neuve de la profession, j'ai aussi multiplié les solutions pour découvrir de nouveaux lieux. Mais mes vacances touchent à leur fin et je vais devoir concilier le défi avec mon quotidien, travail et métro compris !

LES CONSTATS DE LA SEMAINE :

- Les producteurs passionnés aiment conseiller et transmettre leur savoir-faire lors de ventes directes.
- Je dois adapter ma cuisine aux produits achetés : légumes du moment, poissons de la pêche du jour…
- La saveur des produits fermiers est incomparable, je redécouvre la richesse des produits du terroir.

## Semaine 3

# Prendre le temps

### Marché de producteurs à Paris

Pour cette troisième semaine d'expérience, je retourne à la vie active dans ma ville, en région parisienne. Mes anges gardiens continuent à me transmettre leurs bons plans via les réseaux sociaux. J'apprends ainsi qu'un marché de producteurs se tient boulevard de Reuilly, dans le 12e arrondissement de la capitale. Les petits producteurs régionaux sont spécialement venus deux jours à Paris pour proposer leurs produits du terroir aux citadins. Malgré une météo maussade, les clients sont nombreux et les exploitants ont le sourire. Le boulevard est peuplé d'une vingtaine de stands éphémères. Triés sur le volet, les producteurs proposent chacun leur spécialité : des fromages de chèvre, du cantal, de l'aligot, des olives et de l'huile artisanale, des pommes et des jus pressés à la ferme… Les accents des exploitants fleurent bon le Sud et leurs produits me mettent les papilles en éveil !

Les exploitants sont généreux et n'hésitent pas à proposer des dégustations. J'ai pu goûter plusieurs produits du terroir, et notamment les fromages de chèvre fermiers de l'Aude fabriqués par Jean-Philippe. Je me délecte ainsi avec de petits pavés aromatisés aux herbes ou au poivre ou bien encore aux raisins secs, puis avec des fromages frais ou affinés depuis longtemps, au goût bien plus prononcé que les fromages que je déguste habituellement. Ils sont secs et se découpent presque comme du saucisson sec ; leur odeur est plus entêtante, j'ai l'impression de me trouver au milieu des chèvres ! Bien que je sois une grande amatrice de fromage de chèvre, c'est une découverte pour moi. Le producteur prend le temps de m'expliquer les différentes techniques de fabrication des fromages. Il me raconte aussi son histoire. Il a failli fermer son exploitation, il y a quelques années. Il élevait alors un troupeau de plus de deux cents chèvres et vendait tout son lait aux coopératives locales, sans rien transformer, mais il ne s'en sortait pas. Il a ainsi dû faire un choix : se séparer de toutes ses bêtes ou changer son mode d'exploitation. Il a décidé de poursuivre son activité, mais de diviser par dix la taille de son cheptel afin de pouvoir faire de la transformation et de la vente en direct. Une décision salutaire, reconnaît le berger. Aujourd'hui, il transforme la quasi-totalité du lait de ses chèvres en fromages, puis il les vend en circuit court, sur les marchés ou directement à la ferme. Fort de son petit troupeau d'une vingtaine de chèvres, il vit bien, il se dit heureux de concevoir et vendre ses fromages. Il apprécie également de venir de temps en temps à Paris avec les autres agriculteurs, à la rencontre des Parisiens. Ces derniers prennent le temps de s'informer, lui posent des questions sur son activité et veulent connaître dans les moindres détails les origines de ses fromages. La bonhomie de Jean-Philippe, tout droit venu de ses montagnes, doit participer à leur quiétude peu habituelle ! Les prix de ses fromages sont évidemment un peu plus élevés lorsqu'ils sont vendus dans la capitale, « pour compenser les coûts du trajet », se justifie Jean-Philippe. Mais ils restent toujours moins chers qu'en magasin, à 2 euros les petits pavés.

Ma balade gustative se poursuit sur le stand de Stéphane l'apiculteur. Le producteur m'explique la différence entre le miel d'acacia et de forêt, celui d'hiver et d'été. Au départ sceptique, je constate effectivement que les goûts sont très distincts d'un miel à l'autre. Boisé pour l'un, presque caramélisé pour l'autre, une dégustation décisive dans le choix du produit. Il me propose également de tester ses biscuits au miel. Avec le sourire, il renouvelle ses explications et propose aux autres clients qui se présentent sur son stand de goûter ses produits. Je me tourne vers le cultivateur d'olives ; lui aussi me propose d'essayer ses différentes huiles. Là encore, je constate de grandes divergences d'une huile à une autre. Je retourne ensuite sur le stand des pommes de Corrèze de Dominique qui ne désemplit pas. Il faut dire que leurs prix défient toute concurrence : 2,20 euros le kilo.

Enfin, j'ai pu déguster l'authentique aligot de Daniel. Derrière son stand, l'éleveur venu tout droit de sa campagne aveyronnaise cuisine sa spécialité culinaire rurale traditionnelle. En pleine confection de son plat populaire à base de pomme de terre, le producteur détaille sa recette. Béret vissé sur la tête, l'éleveur insiste sur la qualité des produits utilisés, des kilos de pommes de terre de sa région, de la tomme fraîche conçue sur son exploitation, de la crème fraîche, de l'ail et du beurre. Des explications ponctuées de grandes brassées dans la marmite géante d'aligot en préparation. Le geste est précis, le producteur m'explique qu'il ne faut pas « casser » l'aligot, mais lisser le subtil mélange pour éviter les grumeaux. Avec sa grande spatule en bois, il étire ainsi la purée mêlée au fromage puis la laisse délicatement retomber… Tout un art que le paysan est fier de perpétrer et de montrer aux passants intéressés. Il me propose même de visiter son exploitation pour constater l'authenticité de sa production. Je lui laisse mon nom, on ne sait jamais.

Je ne suis pas la seule à bombarder les exploitants de questions ! Les chalands se pressent auprès des producteurs pour tout connaître des conditions de production des produits proposés. Je décide ainsi de flâner sur ce marché et de tendre l'oreille aux questions des passants pour comprendre ce qui attise leur curiosité. Ils veulent savoir comment on obtient du miel d'acacia et si on a constaté une diminution du nombre d'abeilles. D'autres s'intéressent aux modes de vie des chèvres qui produisent le lait utilisé pour fabriquer les fromages. Certains se demandent quelle quantité d'olives permet de faire un litre d'huile et si les oliviers ne sont pas malades. Les conversations sont nourries, les producteurs ont réponse à toutes ces questions, et les exploitants sont heureux de dialoguer et partager leur savoir-faire.

Les ventes directes permettent en effet aux consommateurs de mieux connaître les produits qu'ils achètent et d'entretenir un lien presque affectif avec des aliments qu'ils apprécieront d'autant plus. Ce système est aussi un moyen de briser l'isolement des fermiers. De fait, sur les petites exploitations, les agriculteurs travaillent bien souvent seuls. Pour peu qu'ils soient célibataires, ils vivent dans des lieux reculés et risquent de souffrir de l'absence de vie sociale. Des situations qui peuvent conduire à des drames. Près de quatre cents agriculteurs se suicident chaque année en France, selon une estimation nationale. Un risque près d'une fois et demie plus élevé chez les agriculteurs que pour l'ensemble des hommes dans la population française. Or la solitude est souvent en cause.

En venant à Paris, les producteurs d'Aveyron et du Limousin savent qu'ils seront assaillis de questions posées par des clients particulièrement intéressés par leurs produits et leur métier. Pour toutes ces raisons et ces échanges nourris, les producteurs affirment qu'ils sont heureux de se déplacer de temps à autre. Les circuits courts permettent aux producteurs de mieux vivre et de connecter un peu plus les agriculteurs à leurs clients, les citadins aux ruraux. Ils créent des ponts entre ces deux mondes qui ne se croisent plus.

## Repas entre amis sans supermarché

Ces univers s'entrecroisent toutefois une fois par an, pendant le Salon de l'agriculture, mythique rendez-vous du milieu agricole avec les habitants des villes. Il ne s'agit pas vraiment d'une solution de circuit court, mais je me dis que je ne peux pas faire l'impasse. D'autant que les internautes m'ont lancé un défi dans le défi, celui de cuisiner un repas avec mes amis, bien sûr sans mettre les pieds dans un supermarché. Au lancement de l'expérience, j'avais en effet suggéré aux internautes de me lancer des défis afin de corser l'expérience et de la rendre plus universelle et pertinente. De fait, il est impossible de réaliser une enquête objective pour savoir si l'on peut, et à quelles conditions, se passer des grandes surfaces aujourd'hui en France, car trop de paramètres entrent en compte. Pour répondre à cette question, une étude expérimentale s'impose, ce qui implique donc nécessairement partialité et subjectivité. Pour tenter d'obtenir des conclusions le plus objectives possible, j'ai voulu impliquer un maximum de personnes. Ces défis sont donc un moyen de fédérer le plus grand nombre autour du projet et de répondre aux questions qu'ils se posent. Ce premier défi est accessible ! Et puis, je suis heureuse de pouvoir partager l'expérience de l'intérieur avec mes amis. Ainsi, j'invite quatre amis à venir chez moi, « dîner sans supermarché ».

Puisque nous sommes en plein Salon de l'agriculture, je décide d'aller y faire mes courses. Je devrais pouvoir trouver à peu près tous les produits nécessaires dans la « plus grande ferme à Paris ». Mais cet immense salon me donne rapidement le tournis. Toutes les plus grandes enseignes d'agroalimentaire sont représentées, j'aperçois également le stand de McDonald's ! Je suis surprise, mais je persiste, me perds dans les allées, croise des bœufs aux dimensions record et des vaches toutes plus apprêtées les unes que les autres avant un concours de beauté. Dans une autre allée surchauffée, des moutons croulent sous le poids de leur épaisse toison de laine et se préparent à une démonstration de tonte… À côté, des porcs de petite taille attendent de défiler pour rapporter de prestigieuses récompenses à leurs éleveurs. Les enfants sont amusés par ces spectacles, qui me font davantage penser à des numéros de cirque qu'à des présentations d'animaux de la ferme. Cette vitrine d'une agriculture qui ne m'est pas familière est émaillée par les revendications des exploitants, des pancartes avertissent les visiteurs que « l'agriculture est en crise » ou que « les agriculteurs se meurent ». Un peu étourdie par ces activités et la densité de la foule, je n'en perds pas pour autant mon objectif initial et traverse de nombreuses travées à la recherche de producteurs. Je parviens à trouver des fromagers, maraîchers et boulangers dans la partie réservée à l'agriculture biologique. Je réalise les achats nécessaires pour le repas prévu, des poireaux, pommes, crème fraîche, chèvre, vin, jus de fruit, pain, pâtisserie. On peut effectivement trouver tout ce que l'on souhaite, et même bien plus encore !

Je m'apprête à cuisiner une tarte de saison – poireaux, pommes, crème fraîche et chèvre. J'en ai déjà préparé, mais j'ai toujours acheté la pâte feuilletée dans les rayons des grandes surfaces, je ne l'ai jamais faite moi-même… Sur Internet, je déniche une recette facile à réaliser, pour une première, mieux vaut ne pas prendre de risque ! J'apprends et ne boude pas mon plaisir. Mesurer, tarer, mélanger la farine, le beurre, l'eau, ajouter du sel… des gestes simples, mais que je n'accomplissais pas pour des questions de facilité, de gain de temps et de paresse. Je passe la pâte ainsi obtenue quelques minutes au four. Encore chaude et légèrement dorée, je la tapisse de crème fraîche, puis j'ajoute les poireaux, les pommes et recouvre la tarte du fromage de chèvre fermier avant de la laisser cuire une vingtaine de minutes. Je la sers ensuite avec du miel. La tarte est une réussite, différente de celles que je fais habituellement – la qualité des produits y est pour beaucoup. Mes convives confirment… Défi relevé ! Je vais en avertir les internautes en postant des photos de la tarte de saison que nous avons engloutie.

Outre la satisfaction d'avoir accompli cette mission ordonnée par les internautes, je réalise que ma nouvelle vie chamboule un peu mes habitudes.

J'apprécie de passer ces moments à cuisiner, anticiper, accommoder des légumes de saison, mais cela me prend du temps. Un constat d'autant plus vrai lorsque l'on habite en région parisienne, loin des producteurs.

## Différences entre la ville et la campagne

Le fait de vivre en ville, et d'autant plus à Paris ou en région parisienne, augmente le temps consacré aux achats. Après avoir vécu « sans supermarché » en ville et à la campagne, je prends conscience que l'expérience est bien différente d'un milieu à un autre. En ville, les marchés sont plus nombreux, mais il y a beaucoup de revendeurs et peu de producteurs ; on a davantage affaire à des marchés de grossistes, qui vendent des produits comparables à ceux trouvés en supermarché ; et impossible de faire des kilomètres pour se rendre dans les fermes environnantes. À l'inverse, à la campagne, sur les marchés, bon nombre de producteurs se déplacent pour venir vendre leurs produits et sont prêts à donner des précisions sur les fruits et légumes convoités, il est plus facile de se rendre dans les fermes qui proposent leurs produits en vente directe ou même d'avoir son propre potager, quelques poules ou d'autres animaux.

Ce n'est pas un scoop : difficile de cultiver un petit lopin de terre en milieu urbain, la plupart des citadins sont ainsi très éloignés des réalités de la terre. Notre alimentation est déracinée, d'autant que les industriels s'échinent à transformer les produits vendus pour les adapter aux besoins des consommateurs pressés. Ils rivalisent d'ingéniosité marketing pour attirer les clients et mystifier les aliments. À l'instar des « baby » carottes. Pendant longtemps, j'ai cru qu'il s'agissait de mini-légumes, mais en réalité ce sont des tronçons de carottes mal calibrées, reconstitués pour laisser penser qu'il s'agit d'une variété particulière de mini-légumes. De même, j'ai souvent croqué des pommes Pink Lady en pensant qu'il s'agissait de fruits sains et naturels. Mais, n'en trouvant pas sur les marchés de producteurs, je me suis interrogée sur ce fruit. Et j'ai appris que la pomme préférée des Français est originaire d'Australie et issue d'un croisement de deux variétés de pommes. Celle qui a débarqué dans les rayons des supermarchés français en 1997 « est issue de recherches scientifiques pour trouver un fruit qui serait à la fois croquant, juteux, savoureux… et qui répond ainsi à toutes les qualités recherchées par les consommateurs. La création de cette variété est directement liée aux besoins des consommateurs », m'explique Charles Collard, directeur marketing et commercial de Sopexa, agence de communication des produits agroalimentaires. Outre cette origine peu naturelle, le fruit que l'on ne trouve qu'en grande surface a de nombreux inconvénients. C'est une variété hypersensible à la tavelure, une maladie qui affecte les pommiers et les poiriers, « un inconvénient technique qui a été gommé par une promotion avec des moyens financiers rarement vus dans le secteur fruitier », indique le *Courrier de l'environnement de l'INRA*[1]. C'est encore la tavelure qui contraint les arboriculteurs à protéger la variété avec de nombreux traitements chimiques. Le fruit serait en outre gorgé d'eau. Ainsi, la pomme star des supermarchés, saine en apparence, est un leurre… Il est vraiment temps pour moi de mieux connaître mes aliments, puisque même les fruits et légumes sont « trafiqués » par les industriels pour les rendre plus appétissants.

Les échanges avec les producteurs me permettent d'ouvrir les yeux sur mon alimentation et sur les erreurs que je commettais auparavant. J'apprends à distinguer les légumes de saison et à accommoder certains légumes que je n'avais jusqu'à présent jamais cuisinés : des topinambours, du potiron ou encore du chou kale. Je m'essaie aussi aux plats à base de légumineuses, lentilles ou pois cassés que l'on trouve en nombre en cette saison. Là encore, je demande conseil aux producteurs rencontrés et je réalise des recettes piochées sur Internet ou d'autres envoyées par les internautes sur les réseaux sociaux. Mes nouvelles activités me prennent toutefois du temps. Je m'investis davantage derrière les fourneaux, je dois aussi m'organiser différemment et prévoir davantage les repas. Impossible de me rendre à la dernière minute sur un marché ou une épicerie paysanne pour y acheter quelques ingrédients manquants pour un plat ou une recette, je

1. *Courrier de l'environnement de l'INRA*, n° 52, septembre 2004.

dois tout prévoir et m'organiser. Le temps passé dans les petites épiceries paysannes ou sur les marchés est indéniablement plus long qu'une course endiablée derrière un chariot entre les rayons des supermarchés. Par ailleurs, il faut se rendre dans plusieurs points de vente pour se procurer tous les produits. La lessive ou les savons ne se trouvent pas sur les marchés ou les épiceries de producteurs. Et cela demande un peu plus de préparation. Je vais ainsi m'appuyer sur Internet et ses avantages pour tenter de réduire le temps passé à me procurer mes vivres.

LES CONSTATS DE LA SEMAINE :

- Les producteurs sont généreux et discutent volontiers avec leurs clients : ils apprécient les retours sur leurs produits et ces contacts brisent leur isolement. Les clients obtiennent, quant à eux, une transparence totale.
- J'apprends à faire des choses basiques, comme une pâte à tarte, car j'avais pris l'habitude de les acheter toutes faites.
- Mes nouvelles habitudes me prennent plus de temps.

# SEMAINE 4

# Internet à mon secours

## Tout se trouve (ou presque) sur Internet

Cette semaine, je vais tenter de ne pas passer trop de temps à faire mes courses. Mais, avant de plancher sur le sujet, il me faut résoudre un problème de taille : trouver des croquettes pour le chat. Dans l'urgence, je me rends chez le vétérinaire, dithyrambique sur les croquettes qu'il vend dans sa boutique. Oui, mais la note est très salée. Alors je sollicite l'aide des internautes pour m'aider à trouver une solution moins coûteuse. Peu après avoir posté la photo du chat devant son écuelle vide sur Twitter, les gazouillis du réseau social retentissent ! Les internautes m'inondent de conseils et de bons plans pour sustenter le pauvre animal. Plusieurs personnes me recommandent d'acheter sur Internet des croquettes de qualité, en grande quantité, et de me les faire livrer à domicile. Et là, j'ai l'embarras du choix. Plusieurs sites dédiés proposent toutes les marques et spécialités possibles et imaginables : pour les chats stérilisés, bien sûr, les futures mères ou les chattes allaitantes, mais aussi les félins en croissance, les obèses, les adolescents !... Je choisis tout ce qu'il y a de plus classique sur un des sites recommandés par un utilisateur de Twitter. Moins de quarante-huit heures plus tard, 10 kilos de croquettes haut de gamme de l'animal et 10 sacs de litière sont livrés chez moi. Piaillements de soulagement sur Twitter, qui voue un véritable culte aux félins ! Le chat se rue sur ses nouveaux aliments et ronronne de plaisir.

Forte de ce succès, je décide de tester d'autres solutions sur Internet. Plusieurs internautes m'ont conseillé de passer commande sur Le Comptoir local. Ce marché en ligne propose des produits de saison issus des fermes d'Île-de-France. Sur le site, je sélectionne les aliments de la semaine, je peux connaître l'identité des fermiers et les situer sur une carte. Une fois ma liste de course établie, je choisis mon lieu de livraison, ce sera au bureau – je rentre trop tard pour me faire livrer à domicile. Là encore, je reçois mes emplettes quarante-huit heures plus tard et c'est lestée de poireaux, yaourts, biscuits, jus de fruit que je traverse la rédaction, ce qui amuse et questionne mes collègues. Pommes, endives, poireaux, jambon, fromage, yaourt, gâteaux, café, infusions, bière, pâtes, pois cassés… tout est « *made in Île-de-France* ». Pour une semaine de produits alimentaires, j'ai dépensé un peu plus de 60 euros. Là encore, la note est moins élevée que lorsque je me rendais en grandes surfaces. De plus, l'objectif de ma semaine, ne pas passer trop de temps à faire mes courses, est atteint.

Je rentre chez moi et découvre les produits, tous ultra-frais. Je suis frappée par la douceur des yaourts dont la saveur évolue chaque jour. Le fromage est délicieux. Le chèvre est à la fois fondant et savoureux. Quant au jambon blanc, les tranches sont épaisses et leur goût est incomparable. Je poste mes impressions accompagnées de quelques photos des plats réalisés avec ces produits sur Twitter. Les internautes qui suivent mes péripéties semblent convaincus par ce marché en ligne.

Je veux en savoir plus sur ce mode de distribution en circuit court, à portée de clic. Je souhaite découvrir l'envers du décor. Pour cela, je demande au fondateur du Comptoir local si je peux l'accompagner lors de sa tournée des fermes d'Île-de-France. Il accepte immédiatement. Le rendez-vous est pris deux jours plus tard, à 6 heures du matin. Adrien Sicsic, 29 ans, créateur de la plateforme, est aux commandes de la camionnette réfrigérée. Il n'est pas retourné dans les exploitations depuis longtemps et se dit heureux de revoir tous les producteurs. Jean et basket, le jeune entrepreneur est tout en sobriété. « L'idée est simple », m'explique modestement le fondateur du Comptoir local. Et de détailler le principe de sa start-up : les produits commandés sur Internet sont récupérés directement auprès des producteurs d'Île-de-France, puis les achats sont livrés au domicile des clients. Un des salariés de la petite structure se rend donc quotidiennement dans les fermes sélectionnées pour recueillir les produits commandés jusqu'à minuit sur le site. Seule contrainte pour le consommateur, il faut passer commande quarante-huit heures avant et se faire livrer à Paris ou en banlieue. Les fermes sont présélectionnées par les membres de la start-up. « Avant de proposer les produits que nous vendons sur le site, nous allons à la rencontre des producteurs. Nous privilégions les fermes de petite taille », indique le diplômé d'une grande école d'ingénieurs qui a rangé son costume de conseiller en stratégie pour se lancer dans cette aventure.

Tout commence à Rungis, au carreau des producteurs, un espace sans grossistes où seuls les agriculteurs proposent leurs produits. L'étape est de courte durée, Adrien vient seulement chercher quelques fruits et des herbes aromatiques des fermes hors de sa tournée. Il est comme un poisson dans l'eau auprès des exploitants ! « Au départ, on était sceptiques, mais avec le temps, on voit que son affaire marche et que les commandes sont de plus en plus importantes », constate l'un d'entre eux.

Ensuite, halte à l'entrepôt où sont stockés les produits achetés la veille pour y déposer ces derniers achats. Les quarante commandes du jour doivent être prêtes pour 12 heures. « Le timing est serré, tous les jours nous devons relever un défi logistique », souligne Adrien Sicsic. Dans ce décor digne d'un marché de campagne, tous les membres de la structure sont mobilisés. Les poireaux, carottes, poires et autres denrées sont pesés puis placés dans de solides sacs en papier kraft, prêts à être livrés.

Après cette étape, place à la tournée des fermes. Nous commençons par la Ferme des 30 Arpents à

Favières, au nord-est du Bassin parisien, pour récupérer quelques produits laitiers. « C'est la plus grande propriété de la tournée », indique Adrien, qui avait un temps hésité à y faire escale justement parce que l'exploitation est vaste, près de 600 hectares et 150 vaches laitières, mais il s'est laissé convaincre par la qualité des produits. Des bries de Meaux fermiers authentiques ou à la truffe côtoient des cuvées spéciales Rothschild – car le domaine appartient à la célèbre famille. Pas étonnant que ces mêmes fromages se retrouvent sur les tables de restaurants comme la Tour d'argent. Leurs parfums sont entêtants, les textures alléchantes, mais, de bon matin, je n'ai pas l'estomac à la dégustation de fromages. Adrien récupère ses commandes, nous saluons les vaches paisibles dans leur stabulation et nous repartons pour notre « *road trip* » fermier !

Loin du faste du domaine des banquiers mais à seulement 50 kilomètres, nous nous arrêtons à la ferme de Moneuse, à Dagny, pour les commandes de viande de porc. « La solution proposée par Adrien est intéressante pour nous, car nous n'avons pas le temps de nous déplacer, donc c'est bien qu'il vienne chercher les produits directement à la ferme », indique Marie-Madeleine Lefèvre, une des quatre associés du domaine agricole. « Nous vendons beaucoup en circuit court, mais aujourd'hui la situation est difficile. Heureusement que nous sommes diversifiés, car nous perdons de l'argent tous les mois avec le lait, autour de 4 000 euros. Nous produisons 60 000 litres de lait par mois, dont seulement 3 000 litres sont consacrés à la fabrication des yaourts. On arrive à compenser avec les produits transformés de porc », explique l'agricultrice. Ici, les animaux sont élevés sur la paille et gambadent dans des enclos fermés. À mon arrivée, ils accourent, curieux de savoir si je n'ai pas quelques aliments pour eux, ils sont joueurs et absolument pas farouches.

Les rencontres avec les autres producteurs s'enchaînent. Elles sont toujours chaleureuses et les constats se répètent inlassablement. Les producteurs soulignent que les circuits traditionnels ne leur permettent plus de s'en sortir. « La coopérative achète le lait 28 centimes alors qu'il nous coûte plus de 30 centimes à produire… les produits transformés vendus en circuit court à La Ruche qui dit oui ou auprès d'Adrien nous sauvent. Mais j'ai confiance, je pense que, comme toujours, les Français vont trouver eux-mêmes les solutions pour s'en sortir ! », indique Christelle Drévillon, de la ferme du Petit Rémy. D'autant que le couple vient d'investir dans une machine dernier cri : un robot pour traire les vaches qui « leur a changé la vie ». Ils ne sont plus obligés de se lever avant le soleil pour traire leurs bêtes, le robot s'en charge. Les agriculteurs sont fiers de nous faire une démonstration de leur machine high-tech. Lorsqu'une bovine a faim, elle se rend dans le box dédié qui se referme après son passage. Là, la machine se met en route. Les capteurs détectent les trayons de la vache, qui sont lavés à l'aide de petits rouleaux, puis les sondes les recouvrent pour aspirer le lait. Habitué, l'animal ne bouge pas. À la fin de la traite, les portes s'ouvrent et la vache peut sortir. Tout est automatisé et la machine consigne le nombre de litres de lait produits par chaque animal.

Nous poursuivons notre immersion en milieu agricole par un arrêt sur l'exploitation de Dieu l'Amant, qui élève des volailles de plein air. La famille Birckel souligne que ses « poulets sont élevés aux grains. On les vend uniquement en circuit court, directement au consommateur, sur les marchés ou via des systèmes comme Le Comptoir local ». Il fait trop froid pour que les poulets et poussins déambulent dans la cour, ils sont sur la paille dans un grand entrepôt chauffé.

Cerise sur le gâteau, la tournée des fermes passe par l'exploitation de La Vallière à Tancrou, qualifiée de « ferme parfaite » par Adrien. Je comprends rapidement pourquoi. Le corps de ferme est accueillant, bien entretenu, et les bâtiments en pierre sont magnifiques. Les trois jeunes exploitants qui fabriquent du fromage de chèvre et du cidre me font visiter la ferme et les enclos des chèvres et, à part, des chevreaux. Là, c'est le coup de foudre ! Les petites têtes noir et feu des caprins qui ont seulement quelques semaines dépassent de la porte en bois. Presque domestiqués, les cabris font des bonds pour tenter de m'attraper la manche. Je suis sous le charme. Lorsque la bergère s'approche, ils la reconnaissent et redoublent de tendresse en attendant les biberons de lait quotidien. L'éleveuse s'en amuse et nous livre les prénoms de chacun. L'un d'entre eux a même hérité du nom du livreur habituel du Comptoir local : Norbert. Il était là au moment de sa naissance et l'avait immédiatement adopté !

Après cette parenthèse de tendresse animale, nous reprenons la route et récupérons les derniers colis au pas de course pour rattraper le retard. Après cinq heures et près de 250 kilomètres parcourus, retour à l'entrepôt de Chanteloup-en-Brie pour la préparation des commandes du lendemain. Les produits frais ne resteront qu'une nuit dans les chambres froides avant d'être livrés le lendemain aux clients. Avec ce système, Le Comptoir local réduit au maximum les stocks des produits. Seuls les produits de plus longue conservation, les légumes secs transformés dans le 77, le café torréfié à Paris, les jus de fruits, les pâtes… conçus en Île-de-France restent entreposés. Une organisation qui exige de la manutention. Huit personnes travaillent à temps plein pour la jeune start-up qui n'est toutefois pas encore rentable. Il faut encore augmenter le nombre de commandes, indique Adrien. Le fondateur souligne qu'il ne négocie pas les prix auprès des producteurs et applique une marge de 35 % en moyenne, variable en fonction des produits. Par exemple, il achète 80 centimes le litre de lait cru auprès des producteurs qu'il revend ensuite 1,40 euro sur son site. Les coopératives, elles, achètent le lait – il ne s'agit pas de lait cru, mais la comparaison reste significative – moins de 30 centimes auprès des producteurs, un prix en deçà des coûts de production, indiquent les éleveurs.

Outre la réduction du nombre d'intermédiaires, l'absence de stock permet au Comptoir local de faire des économies et de mieux rémunérer les exploitants. De fait, seulement vingt-quatre heures séparent l'approvisionnement auprès du producteur de la livraison au consommateur, alors que, pour les grandes surfaces, cinq jours peuvent s'écouler entre ces deux étapes. Cette moindre logistique participe à une répartition de la valeur ajoutée plus profitable aux exploitants.

Des solutions similaires se déploient sur tout le territoire. Par exemple, en Auvergne, terroirsdehauteloire.coop vend des produits locaux et de petits producteurs, livrés directement à domicile. Chezvosproducteurs.fr propose des produits du terroir livrés à domicile. Le site met en relation exploitants et consommateurs partout en France, ils peuvent convenir d'un mode de vente. Cette plateforme permet à des producteurs de trouver de nouveaux débouchés en vente directe et de contourner la grande distribution. D'autres sites de vente en ligne se sont spécialisés sur la vente de certains produits, comme la viande.

## Une boucherie à portée de clic

Des sites nationaux de vente directe de viande rencontrent un franc succès, à l'image du site Okadran. La plateforme met en contact éleveurs et consommateurs partout en France. S'il n'est pas le premier site de vente de viande en ligne, il est le premier à rayonner dans tout l'Hexagone. La plateforme offre une grande transparence sur les produits vendus : chaque morceau de viande dispose d'une sorte de fiche d'identité qui précise le nom de l'éleveur ainsi que les origines de l'animal. Les clients peuvent même, s'ils le souhaitent, entrer en contact avec l'agriculteur ou laisser leurs commentaires sur le site.

Roger Mechri, cofondateur du site, souligne que l'objectif est aussi de lutter contre la maltraitance animale. « On veut mettre en place un partenariat avec des abattoirs dont on connaît les pratiques et, ensuite, inciter les éleveurs à se rendre dans les lieux sélectionnés, en baissant notre commission et en négociant des tarifs avec ces abattoirs », souligne le créateur de la start-up. Après les derniers scandales des abattoirs, révélés notamment par l'association L214, les Français sont sensibles à cet argument. Question prix, la solution est également plus avantageuse. Le site est le seul intermédiaire entre les consommateurs et l'éleveur, là où les circuits de vente plus classiques font intervenir au moins trois intermédiaires, ce qui alourdit d'autant la note finale pour les ménages. Par exemple, un kilo de faux-filet de qualité est vendu 25,30 euros, contre 30 euros le kilo minimum en grande surface. Et les commandes en gros sont encore plus économiques : un colis traditionnel de viande limousine de 8 kilos, composé de rôti, pièces à griller (faux-filet, entrecôte, steaks, tournedos, pavés), de pot-au-feu et de bourguignon, est vendu 112 euros, soit 14 euros le kilo de viande.

Je décide donc de me laisser tenter par cette solution et commande de la viande bio. L'éleveur a fixé des jours de commande, il est possible d'avoir à attendre avant de pouvoir recevoir les morceaux de viande. Il ne faut donc pas avoir trop faim, ni être pris d'une fringale de faux-filet ! Autre contrainte : le minimum de commande est de 50 euros. Si l'on n'est pas un gros consommateur de viande, mieux vaut avoir un congélateur et un peu d'organisation.

Ce sont les éleveurs qui préparent les commandes. Okadran se charge d'acheminer la marchandise au domicile des clients via Chronofresh, filiale de Chronopost. En contrepartie, la plateforme conserve une commission comprise entre 10 % et 16 %, en fonction de la quantité de viande commandée. « Pour nous, c'est un gain de temps et des frais en moins, car Okadran se charge du transport et pourtant nous vendons notre viande au même prix que dans le circuit traditionnel. Pour nous, c'est un plus, nous aimerions vendre davantage par ce biais », soulignent les éleveurs de Ma Ferme bio, près de Corcelles, dans l'Ain. « Okadran nous permet d'accroître notre visibilité et de nous adresser à des clients que nous ne toucherions pas autrement », indique Guillaume Gauthier, de la ferme de Saint-Denis. Autre argument auprès des éleveurs, ce sont eux qui fixent les prix. Un moyen de ne plus vendre à perte. Côté consommateur, cela permet de déguster une viande bio, en toute connaissance de l'origine de l'animal et de son éleveur.

D'autres solutions de vente directe de viande existent, plus faciles à trouver à la campagne. Ainsi, mon cousin qui vit en Normandie achète toute sa viande directement auprès des éleveurs. Il se groupe avec d'autres consommateurs pour acheter collectivement un animal auprès d'un éleveur. Ce dernier les prévient quand la bête va être abattue – en abattoir – et les clients se répartissent les morceaux. Là encore, il est nécessaire de s'organiser et de disposer d'un congélateur conséquent pour stocker la viande.

**Le poisson aussi se trouve sur Internet**

Plus surprenant encore, les produits de la mer peuvent également se commander en ligne, même en région parisienne, grâce à Internet. Jusqu'à présent, mon seul moyen de consommer du poisson très frais était de l'acheter directement auprès des petits pêcheurs de mon port de Normandie.

Poiscaille, un site de vente de poissons en ligne, tente de reproduire ce schéma. La plateforme collecte les poissons directement auprès des pêcheurs dès leur arrivée au port pour livrer au consommateur moins de quarante-huit heures après. Dès la sortie de l'eau, la pêche du jour est répartie en casiers, transportée dans la nuit et distribuée via des points-relais dans Paris. « Nous travaillons uniquement avec de petites embarcations de moins de 12 mètres, avec trois marins maximum à bord, qui sortent à la journée. Les pêcheurs doivent aussi utiliser des techniques de pêche douces : pas de long filet, ni d'engins qui raclent les fonds marins », souligne Charles Guirriec, l'un des initiateurs de la plateforme. En contrepartie, Poiscaille dit garantir aux pêcheurs un prix 20 % plus élevé que dans les circuits traditionnels.

Avec un tel système, Poiscaille est en mesure de proposer des poissons « oubliés ». Ainsi, j'ai pu déguster du mulet. On trouve rarement ce poisson sur les étals des poissonneries, alors qu'il y en a plein les côtes françaises. Ce poisson est souvent délaissé car il est fragile : les chalutiers et leur grand filet les esquintent et ils deviennent alors invendables. De plus, sa chair s'abîme rapidement et doit donc être vite consommée. Or, en circuit traditionnel, les bateaux partent plusieurs jours en mer.

Poiscaille évite cet écueil et peut donc proposer des espèces de poissons fragiles, oubliées et peu connues – comme le chinchard ou le tacaud. « On a zéro rejet, tous les produits sont valorisés », explique l'un des pêcheurs de la plateforme. Un moyen de limiter le gaspillage, de préserver les stocks sauvages des espèces les plus demandées et de lutter contre la surpêche.

Le site propose des « casiers de la mer » de 1 kilo de poisson ou 2 kilos de coquillages. Les clients s'engagent ainsi sur l'achat d'un ou plusieurs casiers par mois à un prix précis, sans en connaître le contenu à l'avance. En revanche, ils peuvent tout savoir sur les poissons qu'ils achètent : la page Facebook de Poiscaille propose chaque jour de découvrir d'où ils viennent et qui les a pêchés. La plateforme permet aussi aux pêcheurs d'écouler leurs produits à un prix garanti. Pour le consommateur, le prix reste raisonnable, à partir de 19,99 euros le casier. Avec un nombre d'intermédiaires réduit, Poiscaille peut pratiquer des prix accessibles, tout en rémunérant mieux les pêcheurs. C'est tout l'atout des circuits courts. D'autres plateformes se sont lancées sur ce créneau, à l'image de Monpoisson.fr, qui livre dans toute la France des poissons achetés à la criée de la Cotinière, premier port de Charente-Maritime.

Tout au long de la semaine, je suis donc parvenue à me procurer des aliments en circuit court, sans y consacrer beaucoup de temps. Je conserve précieusement les solutions trouvées sur Internet, mais je dois maintenant trouver un moyen de laver mon linge.

LES CONSTATS DE LA SEMAINE :

- On trouve toutes les denrées en ligne.
- Les solutions sont simples et rapides, mais il faut prévoir.
- Tous les producteurs rencontrés vantent les bienfaits économiques et sociaux des circuits courts.

## SEMAINE 5

# Les produits d'entretien faits maison

### Faire sa propre lessive

Dès le début de l'expérience, la question de l'achat des produits d'entretien hors des supermarchés est apparue comme une « épreuve ». Évidemment, impossible de me procurer de la lessive, des détergents ou des produits pour nettoyer les sols sur les marchés ou dans les épiceries paysannes. Me voici donc mise au défi de trouver des solutions pour réaliser de la lessive et des produits d'entretien de la maison sans passer par la case grande surface.

Là encore, j'ai sollicité mon entourage en faisant appel à une amie qui vit à Marseille. Pauline, consommatrice responsable depuis longtemps, me recommande de me rendre dans l'une des dernières savonneries artisanales de Marseille, la Licorne, pour me procurer de la lessive. Petit plus : la boutique, située en plein centre-ville, propose une visite de ses ateliers et une démonstration de la fabrication de ses savons.

Je profite d'un passage dans la cité phocéenne pour y assister. Tous les jours à heure fixe, le magasin organise des visites guidées. Je me rends dans la boutique un peu en avance. Dans le petit antre marseillais d'à peine 30 mètres carrés, les quelques étagères sont remplies de savons aux mille couleurs. Certains sont parfumés : rose, vanille, jasmin, orange... mais surtout, visible partout, l'authentique savon marseillais blanc ou vert et sans odeur particulière. La petite enseigne propose aussi du savon noir, liquide et solide, ou des produits d'entretien de la maison, le tout fabriqué dans les ateliers. Les quelques clients du magasin hument les savons exposés, inspectent les bouteilles et remplissent leur panier. Puis une sonnerie retentit. Un des artisans sort de l'arrière-boutique et rassemble les personnes intéressées par la visite des ateliers. Il conduit le petit groupe dans une première pièce derrière le magasin. Le sol est glissant, recouvert d'une pellicule grasse, l'odeur n'est pas entêtante, quasi absente. Nous traversons une salle où des hommes s'affairent à presser des morceaux du précieux savon marseillais puis nous arrivons devant une grande cuve. Il s'agit de la première étape de fabrication, celle du mélange des ingrédients. À la Licorne, « le savon est composé de 72 % d'huile végétale, plus de la soude végétale, de l'eau et de l'eau salée », détaille Jules, guide et artisan. Il n'y a pas d'ajout de parfum, ce qui explique la neutralité olfactive des lieux qui m'a surprise en franchissant les portes de cet atelier. Deux recettes sont possibles : avec de l'huile de palme et de coprah pour fabriquer des savons blancs, utilisés en guise de détergents ou pour laver le linge, ou avec de l'huile d'olive, pour obtenir des savons verts, plus doux et recommandés pour la toilette.

J'apprends ainsi que, quels que soient les ingrédients utilisés, le mélange bout à plus de 100 degrés pendant plusieurs jours, puis une réaction chimique, la saponification, transforme l'huile et la soude en savon et glycérine. En séchant, la glycérine s'évapore peu à peu et les liquides deviennent de la pâte de savon. Pour obtenir un séchage plus rapide de la matière, l'artisan nous explique qu'il fait « bondir » le savon : il hache le mélange obtenu. Une fois durcie, la pâte passe dans différentes machines pour y être affinée, afin de rendre la matière plus douce.

Je suis attentivement la transformation de la pâte en paillettes puis en « tagliatelle » avant d'être pressée dans une grosse machine bruyante qui métamorphose la matière en cube estampillé aux couleurs de la savonnerie. Le maître savonnier fait des démonstrations avec chacun des instruments utilisés à toutes les étapes de fabrication du savon. Les machines sont anciennes et leur mécanisme, simple et fonctionnel. Au total, ce sont environ 300 à 350 kilogrammes de savons qui sortent tous les jours des ateliers de la Licorne, indique le guide. Concentrés, les artisans reproduisent chaque jour les mêmes gestes pour donner naissance aux petits cubes portant le nom de la cité phocéenne, une des fiertés de la ville. D'autant que seule une poignée de savonneries artisanales subsistent encore aujourd'hui, précisent mes interlocuteurs.

Car les ravages de la mondialisation sont aussi passés par là. La plupart des savons aujourd'hui vendus dans le commerce ne sont plus conçus de manière artisanale. Souvent fabriqués en Chine, leurs compositions sont peu naturelles. Le label savon de Marseille n'est pas protégé et n'importe quelle marque peut l'utiliser en toute impunité alors même que ni les ingrédients, ni la production et encore moins le savoir-faire ne trouvent leurs sources à Marseille. Moi qui voulais au départ changer mon mode de consommation pour favoriser les petits agriculteurs, je suis confrontée à un nouvel enjeu, celui de défendre aussi l'artisanat dont le savoir-faire se perd. Je prends ainsi progressivement conscience de l'importance de mieux acheter les produits que j'utilise au quotidien, de réorienter ma consommation. Mon portefeuille est une arme qui peut privilégier ou accélérer la disparition des savoir-faire ancestraux. L'image du colibri chère à Pierre Rabhi et Cyril Dion me vient à l'esprit.

Ils ont contribué à populariser une légende amérindienne. La fable raconte qu'un gigantesque incendie ravageait une forêt tropicale. Face à la catastrophe, pétrifiés, tous les animaux observaient le désastre se produire sans bouger. À l'exception du colibri, qui décide d'intervenir et de venir éteindre les flammes grâce aux quelques gouttes d'eau qu'il peut transporter dans son bec. Il commence alors à opérer des allers-retours entre la rivière et la forêt pour déverser l'eau sur le brasier, devant le parterre d'animaux hébétés. Immobile sur le rivage, un toucan ouvre son grand bec et l'interpelle : « Tu es fou colibri ! Toi, si petit, tu n'arriveras jamais à éteindre le feu tout seul. » « Je sais, répond le colibri, mais je fais ma part. » Puis il ajoute : « Et si tous les animaux de la forêt faisaient comme moi, nous éteindrions l'incendie ! » Le paysan bio, romancier et poète français, cofondateur du mouvement Colibris avec Cyril Dion, estime que chacun à son niveau peut « faire sa part » pour éteindre l'incendie qui menace notre planète. Selon cette philosophie résolument optimiste, aucun acte, aussi anodin puisse-t-il paraître, n'est inutile. À mon niveau, je prends conscience que je peux moi aussi « faire ma part » en réorientant mes achats et en consommant différemment.

Au terme de la visite des ateliers de la savonnerie et des réflexions qu'elle m'inspire, je suis plus convaincue encore de vouloir fabriquer ma propre lessive. Le magasin commercialise en effet des copeaux de savon blanc utilisés comme matière première pour la lessive. La vendeuse m'explique comment les utiliser.

De retour chez moi, je mets en application ces conseils. La recette est extrêmement simple. Il suffit de faire bouillir trois cuillères de copeaux de savon dans 1,5 litre d'eau et d'y ajouter quelques gouttes d'huile essentielle pour donner une odeur agréable au linge. Une fois le mélange refroidi, il faut le transférer dans une bouteille puis attendre qu'il devienne plus solide. Et le tour est joué !

Est-ce efficace ? Redoutablement : la pâte ainsi obtenue « lave plus blanc que blanc », pour reprendre les slogans célèbres des fabricants de lessive ! Pour une quantité équivalente à celle de la lessive industrielle, avec ma pâte neutre et faiblement parfumée, je suis parvenue à effacer certaines taches qui avaient résisté à plusieurs lavages. Mon compagnon a par exemple constaté que des chaussettes blanches qui avaient été tachées par le contact du cuir humide de chaussures trempées par la pluie ont retrouvé l'éclat de leur première jeunesse ! Le seul bémol est que le linge n'a pas beaucoup d'odeur, il ne sent ni bon ni mauvais. Dans une certaine mesure, c'est rassurant, cela confirme que rien d'artificiel et aucune substance potentiellement allergène ou nocive n'est venue se glisser dans les vêtements ainsi lavés. Autre source de satisfaction, j'ai le sentiment de reprendre un peu le pouvoir sur ma consommation, je sais exactement de quoi est constituée la matière qui sert à laver le linge.

Autre atout non négligeable, le prix de cette solution défie toute concurrence : pour 6,50 euros, je me suis procuré un sac de lessive de 1 kilo et demi, ce qui devrait me permettre de laver mon linge pendant un an… Un prix imbattable ! Il est également possible de commander des pastilles de lessive sur le site Internet de la savonnerie et, dans ce cas, il faut ajouter les frais de port au prix du produit.

Cette découverte sera le grand succès de mon expérience ! Quand je la mentionne dans l'un de mes articles, les internautes expriment en nombre leur satisfaction dans les commentaires. Même enthousiasme sur les réseaux sociaux, les internautes sont convaincus. Je reçois des dizaines de messages de personnes qui se sont procuré les précieuses pastilles et s'apprêtent à faire eux aussi leur propre lessive. En retour, ils me donnent leurs astuces pour améliorer encore un peu plus la solution. Une internaute me recommande d'ajouter deux balles en caoutchouc dans le tambour de la machine pour améliorer l'efficacité du système, une autre explique comment fabriquer un entonnoir maison pour ne pas perdre une goutte du précieux liquide lorsqu'on le transvase dans le flacon. Le débat s'ouvre sur les réseaux sociaux et les conseils et échanges de bonnes pratiques fusent. C'est encourageant.

L'engouement des internautes est total, au point que le savonnier mentionné dans l'article me contactera quelques jours après la publication du papier pour me conter sa surprise en constatant soudainement une affluence de commandes inhabituelle sur son site. Elles ont été multipliées par dix sur plusieurs jours d'affilée, me précise-t-il ! Je ressens une satisfaction incroyable et prends conscience que nous sommes peut-être plusieurs colibris à prendre conscience de l'utilité de notre action à petite échelle.

Mais la lessive n'est pas tout, il me faut aussi pouvoir nettoyer les sols, les vitres, la salle de bain. Là encore, je serai bien aiguillée par une communauté bienveillante qui me conseille judicieusement et astucieusement.

### Le bicarbonate de soude et le vinaigre blanc deviennent mes meilleurs alliés !

Toujours à la savonnerie, je me suis procuré un pot de savon noir. Très utile pour nettoyer les sols, ce produit laisse lui aussi une odeur plutôt neutre. Toutefois, le savon noir ne permet pas de faire briller les éviers et la salle de bain. Un seul et même produit ne peut pas tout nettoyer !

Quatre autres ingrédients phares me sont régulièrement conseillés pour fabriquer mes produits d'entretien faits maison : le bicarbonate de soude, le vinaigre blanc et le citron. Pour le citron, pas de difficultés ; pour le reste, Internet, toujours lui, est un moyen simple et efficace pour se procurer ces produits bon marché. Mathilde, ma collaboratrice et papesse des bons plans, m'a recommandé de me procurer les ingrédients sur le site formulebeauté.com, un site peu onéreux où l'on trouve aussi des flacons d'huiles essentielles. Elle m'a également donné quelques recettes miracles pour nettoyer toute ma maison de manière efficace et peu coûteuse.

J'apprends ainsi toutes les vertus du vinaigre blanc, un antiseptique en mesure de désinfecter toutes les surfaces, de la salle de bain à la cuisine. Quant au bicarbonate de soude, il permet de détacher et de faire disparaître les mauvaises odeurs, entre autres. Ainsi, avec ces quelques ingrédients, l'eau de javel et tous les autres produits industriels peuvent disparaître de mes placards.

J'ai opté pour les recettes les plus simples. Premier essai, j'ai nettoyé mon four gras avec ces deux ingrédients miracles et là, rien de plus simple ! Il suffit de mélanger du vinaigre blanc en quantité et d'y ajouter du bicarbonate de soude puis de remuer à l'aide d'une spatule pour que le mélange se transforme en une pâte. On étale ensuite ce produit sur les parois du four, on glisse un plat rempli d'eau dans le four que l'on met en marche à 100 degrés pendant trente minutes environ. L'eau qui s'évapore du plat permet de répartir la pâte nettoyante dans tout le four. Une fois le temps écoulé, il suffit de passer une éponge dans le four. La graisse est facilement retirée… et le four brille. Je suis assez étonnée d'obtenir un tel résultat avec si peu d'efforts ! En effet, tous les conseils et sites consultés recommandent de ne pas se fatiguer à frotter fort, le risque étant d'incruster une tache dans un meuble ou du linge.

J'apprends également à confectionner du produit pour laver la vaisselle. J'ai déjà tous les ingrédients, il faut mélanger un demi-litre d'eau chaude à un demi-verre de savon noir et y ajouter une cuillère à soupe de bicarbonate et un demi-verre de vinaigre blanc. Je mélange bien ma mixture avant de m'en servir. Avec ce produit, les assiettes grasses sont lavées parfaitement, la seule différence notable avec les produits industriels étant que ce liquide vaisselle ne mousse pas.

Pour nettoyer la salle de bain, j'utilise les mêmes ingrédients. Pour retirer le calcaire, du vinaigre blanc ; on peut aussi l'utiliser chaud pour plus d'efficacité. Pour cela, il faut enduire la tuyauterie, les vasques, la douche… en fait, tout ce qui est recouvert de calcaire avec des feuilles d'essuie-tout imbibées de vinaigre blanc chauffé, puis on laisse reposer quelques instants sur les surfaces ainsi recouvertes. Après dix minutes, il suffit de retirer le produit avec une éponge, toujours sans se démonter le bras à frotter ! La salle de bain est ainsi rapidement nettoyée.

Seul bémol de ces recettes efficaces : l'odeur. Après le ménage, des effluves de vinaigre blanc émanent des pièces ainsi nettoyées. Mais avec un peu d'aération l'odeur du vinaigre se dissipe rapidement.

Malgré tout, mon compagnon reste gêné par cette odeur. Je suis ainsi les recommandations de certains internautes qui conseillent d'ajouter quelques gouttes d'huile essentielle à mes mélanges pour justement obtenir un parfum plus agréable, comparable à celui de la mangue ou de la fleur de tiaré artificiellement obtenu avec les produits ménagers industriels. Une autre me conseille d'ajouter des morceaux de peaux d'orange ou de clémentine. Tout a une solution facile pour peu que l'on soit bien conseillé !

Ainsi, de nombreux sites délivrent de précieuses astuces. Mieux encore, certains groupes Facebook, comme Le Comptoir de la débrouille, permettent d'échanger des solutions, conseils et bonnes pratiques avec des utilisateurs. Ces groupes de partage permettent d'obtenir des conseils de grands-mères 2.0 ! J'ai ainsi été judicieusement conseillée pour déboucher mes canalisations de salle de bain. Un verre de bicarbonate de soude dans le tuyau bouché suivi de deux tasses d'eau bouillante n'ont pas suffi. J'ai donc ajouté un verre de vinaigre blanc au bicarbonate, puis j'ai bloqué la bonde dans mon lavabo. Là, une réaction chimique s'est produite qui s'est manifestée par quelques pétillements, signe de l'efficacité de la méthode qui a permis de dissoudre le bouchon de crasse. Et mon lavabo fut débouché.

Convaincue par ces recettes qui ont fait leurs preuves, j'ai recherché des sites Internet qui recensent toutes ces astuces. Parmi eux, le site Trucs de grand-mère est une mine d'informations ! Tous les bons trucs, astuces et remèdes de nos aïeux, dont des recettes ancestrales pour faire ses produits d'entretien, sont soigneusement consignés. Le site Galipoli propose également des recettes et assortiments de produits pour réaliser ses produits de base.

Tous ces produits ménagers ne m'ont pas coupé l'appétit pour autant ! Même si je me suis concentrée cette semaine sur des recettes pour nettoyer ma maison au naturel avec des produits faits maison, je n'ai bien évidemment pas oublié de me nourrir !

**Les paniers-recettes**

Comme je suis un peu prise par le temps, j'ai opté pour une nouvelle solution qui m'a fait réaliser un précieux gain de temps. Il s'agit des paniers recettes prêts à cuisiner, commandés sur Internet. Certains sites se sont spécialisés sur ce créneau : toutes les semaines, ils fournissent des recettes et des paniers où tous les ingrédients nécessaires à la réalisation des plats sont pesés et calibrés. Bien évidemment, je ne perds pas de vue mon objectif initial et m'assure au préalable que les colis sont avant tout composés de produits locaux et de saison, issus de petits producteurs et en circuit court. C'est en tout cas l'un des engagements du site Foodette, qui promet de fournir « tous les ingrédients pour une semaine de bonheur ». Je me lance. Tout commence sur ce site, simple et pratique. Il faut tout d'abord choisir la semaine de recettes qui nous intéresse, puis le nombre de repas : trois ou quatre. Les plats proposés sont variés, exotiques et me mettent l'eau à la bouche : chirashi au tofu caramélisé, bavette sauce au poivre, frites de courgettes et pommes de terre, tartines aux figues et chèvre, salade grecque, soupe polonaise à l'oseille... Chaque panier est composé d'un plat de poisson, un de viande et un ou deux végétariens. Les photos stimulent mes papilles ! Je décide de commander un panier de quatre plats pour deux personnes pour 55 euros.

Là encore, je me fais livrer au bureau et traverse la rédaction avec un grand colis en carton dans les bras. Je suis tout aussi intriguée que mes collègues et impatiente de découvrir ce que contient ce panier « surprise », même si je connais les recettes que je vais réaliser. Je mets le carton au frais et patiente jusqu'à la fin de la journée en ayant hâte de mettre fin à cet insoutenable suspense ! Chez moi, j'ouvre le colis. Je suis épatée par les petits détails pratiques imaginés par les concepteurs, comme le magnet pour aimanter la fiche recette sur le frigo, c'est très simple, mais il fallait y penser. Chaque recette est compartimentée avec tous ses ingrédients, impossible de se tromper. Pour chaque produit, on connaît aussi sa région d'origine. La traçabilité et la qualité sont respectées. Tout est frais. Le poisson arrive brillant, le magret est labélisé, les agrumes et les œufs sont bio et la majorité des fruits et légumes sont locaux ou tout du moins français. Le concepteur du site m'explique qu'il se procure les fruits et légumes directement au carreau des producteurs de Rungis. Quant à la recette, elle est conçue par un chef.

Je suis censée pouvoir réaliser en moins de trente minutes la recette sophistiquée du premier plat : un magret de pad thaï avec des produits *made in Île-*

*de-France*, sauf le citron vert et les épices. Je débute la recette et suis scrupuleusement les indications. La fiche est très, très détaillée – tant mieux. Elle nous indique la façon dont on extrait du jus de citron vert, la manière de découper les oignons, les astuces pour cuire parfaitement le magret de canard ou les nouilles. Rien n'est laissé de côté. Je trouve aussi des conseils sur le dressage de l'assiette ou la boisson pour accompagner le plat. Les portions sont généreuses et effectivement la réalisation du plat que je n'avais jamais fait auparavant est réussie. En revanche, je mets un peu plus d'une demi-heure, cuisson comprise. Je remporte un franc succès auprès de ma mère, de passage. Nous nous sommes régalées.

C'est très satisfaisant d'apprendre à cuisiner de nouveaux plats sans avoir à chercher la recette, ni les ingrédients et sans non plus devoir les peser, puisque tout est déjà calibré d'avance. Cette solution combine le plaisir de faire la cuisine chez soi sans les inconvénients. C'est aussi un moyen d'apprendre à faire de nouvelles recettes. Autre avantage, il n'y a aucun gaspillage, puisque tous les ingrédients sont utilisés pour la recette : si un plat nécessite 10 grammes d'épices, on trouvera cette dose dans le colis et rien de plus, ce qui évite d'acheter de grandes quantités qui restent parfois inutilisées pendant longtemps et finissent par pourrir et être jetées.

Tout au long de la semaine, j'ai réalisé de nouvelles recettes : un plat de lasagnes, chou kale et chèvre frais, un autre de velouté de cresson, œuf dur et chorizo, puis un plat de patate douce et maquereaux aigre-douce en papillote à la crème et la moutarde… nous nous sommes régalés toute la semaine ! Mon compagnon a particulièrement apprécié cette solution. Elle nous a permis de faire des découvertes culinaires et de nous lancer dans la préparation de plats auxquels je n'aurais jamais pensé. J'ai conservé les recettes et en ai reproduit certaines par la suite, et toujours avec le même succès ! Cette formule présente un gain de temps, puisqu'elle évite de faire ses courses et de chercher l'inspiration pour des recettes, tout en laissant le plaisir de cuisiner des produits frais et de qualité. Lors de la préparation des repas, c'est un peu comme si un marmiton avait au préalable déblayé le terrain et s'était chargé de la partie la moins exaltante de la cuisine : sélectionner et peser tous les ingrédients et, surtout, nous épargner la corvée des courses ! Ainsi, la formule séduit les Français et de plus en plus de start-up se lancent sur ce créneau des repas en kit. Aujourd'hui, une dizaine d'entreprises dans toute la France proposent de livrer à domicile les ingrédients nécessaires à la réalisation rapide de plats sophistiqués, à l'image de quitoque.fr, lescommis.fr, illicofresco… Et cette formule ne cesse de faire des adeptes. Elle convient aux parents qui ne peuvent pas sortir avec des jeunes enfants, aux citadins qui aiment bien manger et cuisiner sans se fatiguer, aux gourmands un peu paresseux… Sur Twitter, des adeptes de ces formules m'ont témoigné leur immense satisfaction.

Gros bémol : le prix de ces repas en kit fait monter ma note. La boîte coûte 55 euros et 60 euros les quatre repas pour deux personnes, soit entre 6 et 7,50 euros par repas et par personne, c'est au-dessus de mon budget habituel. Ainsi, certains internautes m'ont reproché de me laisser aller à une forme de facilité plus coûteuse. Ce n'est pas faux.

Mais cela m'a permis de prendre des forces pour la semaine suivante, car le défi sera de taille. De fait, au fil de mes échanges avec les internautes et avec mes amis qui suivent mes aventures, les mêmes questions reviennent en boucle. Parmi elles, le dentifrice. C'est le produit d'hygiène par excellence, dont on ne peut pas se passer et que l'on achète en grande surface. Les internautes m'ont donc mise au défi de fabriquer ma propre pâte à dents et d'autres produits de beauté. L'expérience se corse encore un peu plus !

Les constats de la semaine :

- Des achats plus responsables sont aussi un moyen de préserver des savoir-faire ancestraux menacés.
- Faire ses propres produits d'entretien permet de réaliser d'importantes économies.
- Les paniers-recettes sont un moyen facile de découvrir et de réaliser de nouveaux plats sophistiqués ; mais cette solution est plus coûteuse.

# Semaine 6

# Les produits cosmétiques faits maison

## Un salon pour vivre autrement

Il est temps de refaire mon stock de produits d'hygiène et cosmétiques. Je lance un appel au secours sur Twitter et demande à mes alliés s'ils connaissent un moyen de concevoir son propre dentifrice, mais aussi de la crème hydratante et du shampoing, produits que j'achetais en grande surface. Les internautes ont une nouvelle fois volé à ma rescousse.

Certains m'envoient leurs recettes, d'autres m'incitent à m'en passer. Curieusement, je ne suis pas convaincue par ces solutions ! Puis, une utilisatrice du réseau social me recommande de me rendre au Salon Vivre autrement. Par chance, ce salon organisé chaque année depuis près de trente ans porte de Vincennes se tient cette semaine.

Ce haut lieu de la consommation qui se définit comme le rendez-vous « éthique et bio » sera une mine d'informations pour moi. Parmi les centaines d'exposants qui proposent de vivre et consommer plus sobrement, le salon propose des ateliers pour apprendre à fabriquer ses propres cosmétiques, à cuisiner, à utiliser certaines plantes aromatiques… Une aubaine.

Le salon se trouve en plein cœur du Parc floral de Vincennes, il faut marcher quelques centaines de mètres au milieu des plantes et des arbustes bientôt en fleur avant d'atteindre l'entrée. Impossible de se tromper, des files entières de personnes vont et viennent sur ce chemin, certaines portent des sacs en papier aux couleurs du salon. J'ai un peu le sentiment de participer à une procession pour rejoindre un autre monde ! J'arrive à l'entrée du salon, des lamas dans un petit enclos fermé accueillent les visiteurs, calmes et comme habitués à la foule. À quelques pas, une bergère est venue avec ses chèvres. Des stands, installés à l'extérieur, proposent des plantes ou des outils pour le potager, d'autres des plats régionaux et des jus de fruits pressés. Un peu plus loin se trouve un espace couvert qui abrite des centaines de stands. Alimentation, habitation, santé… les exposants sont regroupés par thème.

Les premiers sont ceux spécialisés sur l'alimentation. Ainsi, je rencontre rapidement des producteurs de spiruline qui me vantent les mérites de cette microalgue. Commercialisée comme complément alimentaire en raison de sa richesse en minéraux et en vitamines, elle est aujourd'hui produite partout dans le monde, en France aussi. J'apprends ainsi que, cultivé à grande échelle, ce « super-aliment » serait en mesure de combattre la faim dans le monde. Elle pourrait en outre ralentir le vieillissement de la peau, aider à lutter contre certains cancers, faciliter la récupération après l'effort, aider à purifier le sang, diminuer l'appétit… L'algue miracle est parée de nombreuses vertus. Elle contient de 55 % à 70 % de protéines de haute qualité renfermées dans les huit acides aminés nécessaires au bon fonctionnement de notre organisme, des apports comparables aux produits d'origine animale. Elle est en outre composée d'acides gras insaturés, de chlorophylle et de composants en mesure de détoxifier l'organisme, sans compter le zinc, sélénium, manganèse, fer, cuivre, chrome et tous les minéraux (calcium, magnésium, sodium, potassium, phosphore). Elle apporte également du fer, de la vitamine B12, des bêta-carotènes. La Chine, premier producteur de la microalgue forte de toutes ces vertus, l'a déclarée aliment d'intérêt national. Parallèlement, plusieurs ONG ont prouvé expérimentalement les atouts de cette plante dans la lutte contre la malnutrition des enfants des pays pauvres. Elles ont ainsi convaincu l'Organisation des Nations unies pour l'alimentation et l'agriculture (FAO) de recommander sa production et son utilisation, malgré l'absence d'études cliniques officielles. La France a suivi ce conseil et plusieurs producteurs s'initient à la culture de cette algue. Le compléments alimentaire peut se consommer sous forme de gélule, de poudre, de pâtes… Une fois au courant de tous ces avantages, impossible de ne pas goûter ce produit miracle. La microalgue est peu ragoûtante, mais une fois diluée dans un jus de fruit ou consommée avec un autre aliment, le goût disparaît. Je me laisse donc convaincre et me procure quelques flacons de gélules.

Je poursuis ma visite du salon. Certains exposants proposent des dégustations de produits à base d'insectes, du chocolat à toutes sortes de parfums, des fromages et des plats véganes. Des stands de production de safran proposent divers produits à base de l'épice reine de la cuisine persane. Plusieurs apiculteurs sont également venus proposer leur miel, mais aussi bien d'autres aliments conçus à partir de cette douceur ou de gelée royale. Les travées sont noires de monde, les passants se montrent intéressés et curieux de ces nouvelles découvertes.

Dans une autre allée, je découvre des dizaines de solutions pour vivre dans une habitation plus écoresponsable. Ainsi, des stands enseignent comment concevoir un logement moins gourmand en énergie, via des traitements contre l'humidité ou la rénovation énergétique. De nombreuses solutions pour économiser l'eau sont aussi proposées. J'apprends en outre comment installer des toilettes sèches chez moi. D'autres acteurs expliquent comment transformer ses déchets avec des lombricomposteurs. Je me renseigne, mais ces solutions s'éloignent de mon défi et je ne me sens pas (encore) capable et prête à franchir ce pas. Ma métamorphose s'opère, mais je préfère ne pas brûler d'étape, au risque de tout abandonner.

Un peu plus loin, certains proposent des soins naturels. Des spécialistes font tester leurs appareils de massage et de remise en forme, d'autres offrent des massages du cuir chevelu ou des paumes des mains. Certains ont des remèdes contre les douleurs à base de bijoux bien-être qui privilégient le confort musculaire, d'autres utilisent les aimants pour mieux répartir les ondes. Tous ont leurs tactiques pour remettre le corps en état.

Finalement, je tombe sur le coin des cosmétiques. Des stands proposent de nous apprendre à concevoir nos propres crèmes hydratantes, à partir de lait de jument, d'ânesse ou de chèvre. D'autres passionnés se sont lancés dans la conception d'élixirs floraux respectant des traditions scandinaves. Un peu plus loin, des spécialistes montrent comment faire des hydrolats et des produits d'aromathérapie.

Complètement novice en la matière, je ne peux choisir un produit ou un autre. Je vais donc suivre le cours dispensé par le professeur Bernard Briaud, qui va expliquer les différences entre tous ces produits, leur utilité et leur mode de conception. Ce dernier est à la tête de la marque de produits cosmétiques Flore de Saintonge, et il se définit comme l'un des pionniers de la cosmétique bio française. Il cultive les plantes qui servent de matières premières à ses cosmétiques, sans utiliser de pesticides – tout est naturel. Le docteur en biologie a en outre créé son propre laboratoire pour fabriquer ses cosmétiques qu'il commercialise sur Internet. Parallèlement, il prodigue des conseils aux consommateurs qui veulent se lancer dans la conception de leurs propres produits de soin. Je suis donc intéressée au premier chef! La salle où il s'apprête à dispenser ses conseils est bondée, les organisateurs du salon doivent même refuser du monde. Des gens sont debout au fond de la pièce. Les yeux des élèves de tous les âges sont braqués sur le professeur vêtu de sa blouse blanche de laboratoire et installé face à un petit réchaud de fortune et quelques tubes qui ne vont pas tarder à révéler leurs mystères. La gent féminine est bien représentée, mais quelques hommes sont aussi présents.

Le scientifique nous donne quelques conseils et se lance dans une diatribe assez virulente contre les « produits de cosmétique moderne ». Il nous décourage d'y avoir recours, car, selon lui, ces produits sont « un concentré de marketing » composés avant tout d'eau et de beaux emballages. Certains produits peuvent même se révéler dangereux. Puis, il dispense quelques recommandations avant de commencer les démonstrations. Il affirme que nous pouvons trouver dans nos placards de cuisine les ingrédients pour réaliser des soins basiques, comme un produit pour se démaquiller. « On peut se nettoyer la peau avec de l'huile de table, à condition qu'elle soit vierge », souligne le spécialiste. La recette est simple pour un produit nettoyant, il suffit de mélanger deux tiers d'eau minérale à un tiers d'huile et de conserver ce produit six mois maximum.

Puis il nous enseigne la fabrication d'une crème hydratante. Dans une petite casserole posée sur sa plaque chauffante, il mélange 32 grammes d'huile de coco, 20 grammes d'huile de millepertuis, 25 grammes de cire d'abeille, 25 grammes d'huile de tournesol et enfin 10 grammes d'huile de pâquerette. Il laisse le mélange sur le feu et remue de temps en temps pour que la cire d'abeille devienne liquide et que les substances puissent se mêler les unes aux autres. Ensuite, il verse le liquide dans de petits pots prévus à cet effet et préalablement désinfectés. En refroidissant, la préparation va se solidifier et prendre une texture semblable à celle d'une crème habituelle, voire un peu plus solide. L'odeur de la crème ainsi obtenue est neutre, le biologiste indique que l'on peut ajouter quelques gouttes d'huile essentielle au mélange si on souhaite lui donner un parfum particulier. Il souligne que le mélange effectué ce jour est un exemple parmi des centaines et que l'on peut substituer les huiles utilisées par d'autres, comme l'huile de bourrache.

J'ai également pris conseil auprès d'Anne-Marie Gabelica. Cette ancienne salariée d'un grand groupe met en garde contre les produits conventionnels et rappelle que l'UFC *Que Choisir* a révélé au grand jour les risques sanitaires liés à certains composants chimiques présents dans les cosmétiques traditionnels. Les perturbateurs endocriniens sont particulièrement mis en cause. Selon la liste établie par l'association, près de 400 produits cosmétiques, y compris pour bébés et vendus en pharmacie, en contiennent. Or ces substances chimiques peuvent perturber le système hormonal et sont probablement cancérogènes. L'organisation a identifié onze substances ou familles de substances indésirables préoccupantes qui n'ont rien à faire dans des cosmétiques ! Appliqués sur le visage, ils passent à travers la peau et terminent dans la circulation sanguine. Effrayant. Je suis effarée. Si j'avais encore un doute, je sais dorénavant que je ne pourrais plus jamais consommer comme avant. L'expérience me bouleverse et me révolte, j'ai plus envie que jamais d'aider d'autres personnes à ouvrir les yeux, à connaître toutes ces vérités sur des produits que nous achetons quotidiennement. Je comprends pourquoi l'ingénieure agronome diplômée en biochimie a décidé de concevoir elle-même sa gamme de soins 100 % d'origine naturelle. Selon elle, « les consommateurs peuvent aussi privilégier les huiles végétales naturelles qui possèdent des bienfaits très importants pour la peau, à la différence des huiles hydrogénées et estérifiées, en guise de produits cosmétiques. Les huiles végétales naturelles s'intègrent aussi parfaitement dans une routine beauté naturelle et écolo ». Mais je ne me vois pas prendre ma bouteille d'huile d'olive pour m'en étaler sur le visage ! Je préfère concevoir des produits dédiés, mais il faut toutefois faire preuve de vigilance. Avec tous les conseils que j'accumule auprès des professionnels, je comprends que réaliser des produits de soins soi-même demande un minimum de temps et de savoir-faire. Par ailleurs, « il est nécessaire d'avoir des connaissances sur les ingrédients à associer pour éviter les mélanges hasardeux. Il faut également être très rigoureux sur les étapes de fabrication pour garantir la meilleure conservation possible du produit », souligne Anne-Marie Gabelica. Un minimum de précautions est également recommandé, comme le fait de désinfecter les flacons avant de les remplir ou d'utiliser des gants lors de la fabrication des produits.

## Fabriquer ses produits cosmétiques

Avec toutes ces informations en tête, je pars à la découverte des produits faits maison. La première étape est de me procurer les ingrédients nécessaires. Et ce n'est pas si simple. Je me rends d'abord dans des herboristeries, pensant que les produits recherchés seront faciles à trouver, en vain. Puis une amie au fait de ces pratiques me conseille de me rendre sur le site d'Aroma-Zone[1]. Bingo ! Ce spécialiste des cosmétiques faits maison me sera d'une grande aide. Non seulement il propose les produits et outils que je recherche, mais en plus son site propose quelques recettes et même des cours à suivre en boutique. J'achète tout sur Internet, mais, par curiosité, je me rendrai aussi dans ce temple de la cosmétique naturelle. La boutique, immense, ne désemplit pas, quels que soient l'heure ou le jour !

De célèbres chaînes se lancent également dans la vente de produits pour fabriquer ses cosmétiques, comme Nature & Découvertes. Je ne les ai pas testés, mais le fait que de grandes enseignes se lancent

1. Cette enseigne est un des principaux acteurs des cosmétiques faits maison. Le pionnier vend des produits naturels en ligne et dans sa boutique parisienne, où il propose des ateliers. La marque compte, en 2017, 1 million de clients.

sur ce créneau témoigne de l'engouement suscité par ces nouvelles pratiques.

Une fois les produits en ma possession, j'ai reproduit la recette donnée par le professeur, en remplaçant l'huile de pâquerette que je n'ai pas trouvée par celle de bourrache. Je laisse mijoter le mélange que je surveille de près. Je n'attends pas que le liquide bouille avant de le retirer du feu, une étrange odeur peu agréable se dégage de mon mélange. Un peu surprise, je poursuis ma recette et verse ma mixture dans plusieurs pots préalablement désinfectés. Puis j'attends et, en l'espace de quinze minutes, le mélange s'est solidifié. J'ai obtenu exactement le même résultat que le biologiste… et c'est une première victoire ! Puis j'étale cette crème sur mes mains. C'est efficace… un peu trop, même, car le produit ne pénètre pas complètement dans la peau. Le lendemain, je teste cette crème sur mon visage, la conclusion est la même : ma peau est visiblement hydratée, mais le produit laisse une pellicule grasse sur mon visage. Il faut attendre que ma peau s'habitue à ce nouveau produit. Je persiste et continue à utiliser la crème plusieurs jours. Mais, pour être parfaitement honnête, je ne suis pas une adepte de la sensation laissée par le produit, question d'habitude, sûrement, car je ne constate aucun problème. Des corps gras restent plus longtemps sur mon visage, je change mes habitudes et tente de trouver des remèdes à ces petits désagréments, mais rien n'y fait. Je conserve ainsi cette crème très hydratante pour les mains et le corps, mais pas pour mon visage. Aussi, je me tourne vers les produits déjà conçus, comme ceux d'Anne-Marie Gabelica. Son laboratoire est à deux pas de chez moi, mais je peux aussi me procurer ses produits sur Internet. Ses crèmes sont simples et efficaces, je ne rencontre pas le même problème qu'avec celle que j'ai fabriquée tout en ayant la garantie que le produit ne contient pas de substances nocives.

### Fabriquer son dentifrice

Au cœur du défi de cette semaine : le dentifrice ! Là encore, les conseils du professeur Briaud m'ont été d'une grande aide. D'autant que j'ai appris que le fluor contenu dans les dentifrices est tout à fait nocif. « Le fluor est le pire des poisons, un enfant qui avale un tube de dentifrice pour adulte peut mourir », nous alerte ainsi le biologiste. Interpellée, je procède à quelques recherches et comprends rapidement la dangerosité insoupçonnée de cette substance, que j'ignorais complètement. « C'est un des éléments chimiques les plus réactifs, toxique à très faible dose, dont les effets sont cumulatifs et persistants. À éviter, donc, car il est responsable d'un véritable empoisonnement légalisé », enchérit le professeur. Il ne comprend pas pourquoi ces produits sont aujourd'hui encore sur le marché. Selon lui, si l'autorisation s'explique parce que ces produits sont utilisés uniquement en usage externe, il est inévitable que nous en ingérions une partie lors du brossage des dents.

Le biologiste nous enseigne ainsi une recette simple et naturelle pour concevoir sa propre pâte à dents. Il faut mélanger 75 grammes de glycérine, 47 grammes d'argile blanche et quelques gouttes d'huile essentielle de thym/menthe/citron et enfin une pincée de sel. Le coût de ces produits Flore de Saintonge s'élève à 20 euros pour plus d'un kilo de dentifrice, et des mois de brossage des dents !

Je reproduis la recette chez moi, c'est effectivement très simple. Je teste cette pâte, le goût et la texture sont bien différents des produits que j'ai l'habitude d'utiliser. Même les dentifrices dits bio contiennent des tensio-actifs identiques à ceux que l'on trouve dans les shampoings et gels douche ainsi que d'autres ingrédients artificiels qui produisent un effet moussant et nettoyant. Or, avec ce produit, aucune mousse pour rendre ce geste agréable. Par ailleurs, le goût est aussi bien différent, je ne ressens pas la fameuse sensation de fraîcheur tant vantée par les industriels. Sur les réseaux sociaux, certains me donnent d'autres recettes, comme celle qui consiste à mélanger du bicarbonate de soude à quelques gouttes de citron ou encore trois cuillères à soupe d'argile, une cuillère à café de bicarbonate de soude et huit gouttes d'huile essentielle de menthe douce. J'ai déjà tous ces ingrédients, j'essaie donc ces quelques mixtures, mais, quelle que soit la recette utilisée, la texture reste différente de celle des dentifrices achetés dans le commerce.

Je fais tester ces produits artisanaux à mes proches et des collègues intrigués. Les réactions sont mitigées et peu de personnes sont convaincues. La couleur est en outre peu ragoûtante, la pâte est vert clair, comme l'argile, puisque aucun colorant n'est ajouté. Je persiste et termine le pot confectionné, mais j'ai du mal à me familiariser avec ce nouveau dentifrice. Au bureau, ce fut un peu le test de trop ! Un de mes rédacteurs en chef, qui a voulu essayer la mixture, n'a pas du tout été convaincu. Depuis, je récolte des remarques amusées quasi quotidiennes sur ma pâte à dents !

Si la confection de produits ménagers maison à partir de conseils et recettes de mes amis et des internautes avait été couronnée de succès tant sur le plan des résultats obtenus que sur le plan financier, l'aventure des produits d'hygiène est moins concluante. Tout n'est pas négatif, toutefois. D'une part, je suis parvenue à fabriquer mes propres produits de beauté. J'ai appris des recettes simples et l'importance de bien accommoder les plantes, j'ai ainsi pu me faire une crème hydratante pour les mains ou du dentifrice, même si les produits ainsi obtenus sont un peu « arides ». Je ne peux appliquer la crème sur mon visage sans devoir attendre un petit moment que ma peau l'absorbe. En outre, la texture du dentifrice me laisse un goût amer. Mais j'en sais désormais trop sur la composition des produits vendus en grande distribution pour me résoudre à y retourner pour en acheter. Je trouve donc une solution à mi-chemin entre la transparence absolue des produits faits maison et l'opacité des cosmétiques industriels, je m'adresse à de petits laboratoires qui détaillent la composition de leurs produits, l'origine des ingrédients utilisés ainsi que leurs méthodes de production. Je commande ainsi des produits bio sur Internet. Là encore, mes mésaventures cosmétiques ne m'ont pas empêchée de tester de nouvelles solutions pour s'alimenter autrement.

## Les distributeurs de légumes et produits de la ferme

Cette semaine, j'ai également testé une solution pour les fruits et les légumes que plusieurs collègues et des internautes m'avaient indiquée dès le départ. Tout en restant à Paris, je suis allée Au bout du champ ! Cette enseigne propose des produits locaux en libre-service et disposés dans des casiers. Les produits sont vendus via des distributeurs automatiques, non pas de barres chocolatées ni de sodas, mais de fruits et légumes. Ceux-ci sont issus des petits producteurs installés dans un rayon de 100 kilomètres autour de Paris. Cette solution a de nombreux avantages pour les producteurs comme pour les consommateurs. Le producteur n'est pas contraint de tenir une permanence, il n'y a pas de comptoir et pas non plus de vendeur pour accueillir les clients. Les consommateurs peuvent, eux, se rendre en boutique à n'importe quelle heure ou presque pour se procurer des fruits et légumes à des prix abordables. Un atout pour les citadins qui terminent souvent trop tard pour se rendre dans des petites boutiques de producteurs.

Je me suis donc rendue dans un de ces lieux où une dizaine de distributeurs sont concentrés, le tout surveillé par des caméras. Certains distributeurs proposent des œufs, d'autres un seul légume, ou encore des paniers garnis. J'ai ainsi glissé ma carte bancaire dans la machine dédiée à l'entrée, puis j'ai sélectionné un casier qui contenait 6 œufs bio pour 3,20 euros, j'en prends un autre avec un kilo de carottes à 2,50 euros, puis du lait. On trouve essentiellement les fruits, légumes et produits des fermes, rien de plus. Certains produits sont bio, d'autres sont issus d'une agriculture raisonnée des petites exploitations franciliennes. Dans les casiers, on ne trouve ni viande ni produits laitiers. « Les produits sont très frais, car ils sont renouvelés tous les jours », précise Julien Adam, cofondateur d'Au bout du champ.

Il existe trois autres points de vente Au bout du champ en Île-de-France, dont un magasin dans le 18e arrondissement. J'ai décidé de m'y rendre également pour voir si le concept fonctionne. Un samedi après-midi, la boutique ne désemplissait pas, nouvelle preuve de l'engouement des consommateurs pour des produits locaux dont on connaît la provenance. Le magasin est petit, des fruits et légumes sont disposés dans de grands casiers en osier, on trouve des endives, des champignons, bio ou pas, des pommes, poires et des produits d'épicerie, des pois cassés, des gâteaux ou des jus de fruits artisanaux. Mais, comme dans les premiers points de vente, impossible de trouver de la viande ou des fromages.

Je suis donc retournée dans les commerces de proximité où on peut aussi faire des découvertes et quelques bonnes affaires ! J'ai ainsi acheté quelques fromages Chez Virginie, dans le 18e arrondissement. Fromagère de père en fille depuis 1976, Virginie Boularouah possède une petite boutique foisonnante. La variété de fromages proposés donne le tournis ! Le magasin en vend plus de cent sur quelques mètres carrés, on peut trouver des fromages classiques, mais également d'autres peu connus, voire très rares. L'abondance est aussi liée à la vaste cave dont dispose la boutique pour affiner les fromages, de quinze jours à un mois. Je parviens à limiter mes achats à une assiette de quatre fromages pour seulement 9 euros. Au total, j'ai dépensé une trentaine d'euros dans l'épicerie et les casiers, plus 9 euros de fromage et une dizaine d'euros de viande, la note de mes emplettes reste ainsi en deçà de mes achats en supermarché.

Presque toutes les solutions testées jusqu'à présent me reviennent moins cher qu'un passage au supermarché près de chez moi.

Les constats de la semaine :

- Il faut se méfier des produits cosmétiques industriels et de leur composition qui peut être nocive, à l'image du fluor dans le dentifrice.
- La fabrication des cosmétiques demande de prendre des précautions.
- Je ne suis pas conquise par mes produits maison, mais je sais désormais orienter mes achats.

## Semaine 7

# Premier constat : la note est moins salée en circuit court

### Je dépense moins chaque semaine

Je me rends rapidement compte que, quelles que soient les solutions adoptées chaque semaine, je dépense moins tout en consommant mieux. Le premier mois, j'ai dépensé 264,50 euros pour me procurer tous les produits de consommation courante : produits ménagers, d'hygiène et d'alimentation, contre 300 euros le mois précédent en me rendant uniquement en supermarché. Ainsi, toutes choses égales par ailleurs et tous postes de dépenses confondus, ma facture est réduite de plus de 10 % en court-circuitant la grande distribution. Pourtant, au départ, je m'étais imaginé que ce nouveau mode de vie serait plus onéreux. C'était d'ailleurs un de mes postulats avant de me lancer dans cette aventure et l'un des objectifs était de mesurer ce surcoût. Je suis donc la première étonnée par ce résultat.

Évidemment, tout cela n'a rien de scientifique, je ne prétends pas tirer de conclusions universelles et incontestables, mais simplement faire état des conséquences d'une expérience indéniablement subjective et purement empirique. Les résultats ainsi obtenus s'appliquent aux conditions de l'expérience menée, principalement en milieu urbain, avec des solutions répondant à mes besoins et ma situation personnelle, celle d'un couple sans enfant à l'époque. Je le précise, car, lorsque j'ai avancé cette conclusion, j'ai essuyé un flot de critiques. Je ne nie pas que, peut-être, dans d'autres circonstances et avec d'autres schémas familiaux, les constats auraient pu être différents. Il faudrait mener l'expérience aussi scrupuleusement que je l'ai fait.

Autre précision : il s'agit d'un montant global comprenant tous les postes de dépenses, alimentaires, ménagers, soins… Pris individuellement, de nombreux produits alimentaires sont plus chers en circuit court. La majorité des produits transformés de manière artisanale vendus en circuit court, comme le fromage, les biscuits, le chocolat, etc., sont plus chers que des produits industriels achetés en supermarché, dont les biens sont produits à moindres coûts, les chaînes de production étant optimisées pour réduire les dépenses. Bien sûr, la qualité n'est pas comparable, cela ne viendrait à l'esprit de personne de comparer une tartelette au citron achetée en boulangerie avec un gâteau industriel vendu sous cellophane par une marque d'agroalimentaire en grande surface.

Il est important de souligner aussi que cette solution suppose un investissement en temps : je cuisine davantage en passant par les circuits courts, je n'achète aucun plat tout préparé, aucune pizza ni quiche, ni même de pâte à tarte… Je fais beaucoup plus de choses de mes mains. Et je fabrique ma lessive, mes produits ménagers ou encore les cosmétiques. Or, le fait-maison coûte moins cher et représente une vraie source d'économie. J'ai déboursé 6,50 euros pour faire un an de lessive… aucune marque industrielle n'est en mesure de s'aligner sur un tel prix ! De même, le vinaigre blanc et le bicarbonate de soude qui servent à nettoyer ma maison sont nettement plus économiques que la panoplie de produits ménagers vendus en grande surface.

En outre, d'autres solutions m'ont permis de réaliser de réelles économies : les aliments du chat, par exemple. Ils reviennent moins cher lorsque je les achète en grande quantité sur Internet. Ainsi, j'ai dépensé 86 euros pour huit mois de litière et 10 kilos de croquettes, soit 9,25 euros pour 1 kilo de croquettes et un sac de litière, là où je payais 11,93 euros au supermarché pour la même quantité de produits, ce qui représente une économie de près de 20 %.

### La fin d'une croyance erronée

Pour toutes ces raisons, ma facture s'est avérée plus basse en passant par les circuits courts. Cette conclusion va à rebours de préjugés qui ont la vie dure ! Et, en l'occurrence, nous, Français, sommes collectivement convaincus qu'on ne peut pas trouver de solution plus économique que les supermarchés pour faire nos courses. Mais il s'agit d'une croyance, d'un a priori véhiculé par les premières intéressées, les grandes surfaces. Elles se livrent une guerre des prix sans merci et répètent à grand renfort de dépenses marketing somptuaires qu'on ne peut pas trouver « moins cher » en dehors de leurs murs. La grande distribution affirme se mobiliser pour préserver notre « pouvoir d'achat ». Des messages subliminaux distillés depuis des décennies par une industrie surpuissante. Ces assertions nous sont martelées à longueur de journée dans les journaux, sur les ondes radio, sur Internet et à la télévision. Elles s'immiscent dans nos cerveaux distraits de bon matin en prenant notre douche ou dans notre voiture et nous accompagnent jusque dans nos songes ! À force de les entendre, nous les avons complètement intégrées comme des vérités absolues.

Au début de l'expérience, je pensais que je dépenserais plus en me passant des supermarchés. Eh bien non. Il ne s'agit que de vérités cathodiques toutes relatives et fortement contestables. Retrouvons notre esprit critique, remettons en question ces affirmations pour tenter de comprendre pourquoi elles sont fausses.

C'est dans ce but que j'ai recherché des études scientifiques et objectives qui comparent les prix de courses effectuées en circuit court et en grande surface. Mais aucun organisme officiel ni le ministère de l'Agriculture ou encore l'Insee n'en ont publié. À ce jour, il n'existe aucune étude comparative complète sur le sujet. En revanche, l'association des

Paniers marseillais a mené une enquête de terrain. Le réseau d'associations de consommateurs aboutit à la même conclusion que moi, à savoir qu'il n'est pas plus onéreux de faire ses courses en dehors des supermarchés. Selon l'organisme, les fruits et les légumes (bio) vendus en circuit court sont moins chers que ceux (conventionnels) commercialisés dans les hyper et supermarchés. Le réseau de distribution de paniers de fruits et légumes issus de l'agriculture biologique et vendus en circuit court a réalisé cette étude sur un an, incluant donc les quatre saisons. Ils ont comparé les prix de leurs paniers de fruits et légumes de saison à ceux de la même quantité de fruits et légumes pratiqués dans une chaîne de magasins bio et dans des hypermarchés pour des légumes et des fruits venant de l'agriculture conventionnelle, non bio. Le constat est sans appel. Leur panier coûte en moyenne deux fois moins cher qu'en boutique spécialisée dans le bio et 29 % moins cher qu'en hypermarché. « Sur quarante-deux semaines, l'hypermarché est plus cher que les Paniers marseillais à vingt-huit reprises », indique l'étude. Sur une année, le Panier marseillais permet d'économiser 765 euros par rapport à une boutique bio spécialisée et 217,50 euros par rapport à des légumes non bio, en agriculture conventionnelle, achetés en supermarchés, conclut l'Amap. Pourtant, les légumes bio sont réputés plus chers que les légumes non bio…

Je me suis également appuyée sur mes propres observations pour étayer cette implacable conclusion. J'ai comparé les prix d'un produit de saison, la pomme, dans les divers points de vente où je me suis rendue. J'ai bien pris soin de ne pas mélanger les torchons avec les serviettes : j'ai comparé des produits de même qualité. J'ai ainsi exclu les petites pommes sans goût, bourrées de pesticides, importées d'autres pays, sans valeur nutritive et vendues en sachet en grande surface. Si les clients savaient exactement ce qu'ils consomment lorsqu'ils achètent des produits aux « petits prix » pratiqués par la grande distribution, peut-être qu'ils s'abstiendraient. Les clients ne s'orienteraient pas volontairement vers des œufs de poules élevées en batterie, des poulets qui avalent des antibiotiques et ne voient jamais la lumière du jour ou des légumes cultivés de manière intensive à grand renfort de pesticides et de substances chimiques. Des produits vendus en toute opacité dans les supermarchés à des prix très bas. Mais, en réalité, « ces petits prix coûtent chers », dixit Thomas Laurenceau, à l'époque rédacteur en chef du magazine *60 Millions de consommateurs*, premier avocat du pouvoir d'achat des Français. Par exemple, un litre d'huile d'olive premier prix est en réalité gorgé d'eau plus que d'olive. Il faut donc ajouter deux fois plus de produit pour faire cuire les légumes. En apparence économique, un tel produit finit par coûter cher. Sans parler des conséquences environnementales des procédés de fabrication. De même, les fruits et légumes vendus à des prix très bas n'ont bien souvent aucun intérêt nutritif et, pour peu qu'ils soient vendus en sachet, déjà pesés, les valeurs indiquées sont souvent erronées. Il suffit de se rendre en grande surface et de vérifier les poids indiqués pour avoir des surprises.

Bref, ces petits prix tant vantés par la grande distribution sont néfastes pour les portefeuilles et nocifs pour la santé et l'environnement.

Lorsque j'étais encore étudiante, j'ai fait l'expérience de ces produits de piètre qualité et je me suis juré de ne plus jamais reproduire cette erreur. Avant de partir à la montagne avec mes cousins, nous avions fait le plein de courses alimentaires dans une grande surface pour éviter de payer notre alimentation trop cher sur place. Nous avions sélectionné des produits « premier prix » pour la plupart de nos denrées… Quelle erreur ! Je me souviens encore des saveurs et textures peu ragoûtantes de ces aliments. Même les pâtes étaient immangeables, elles se délitaient et se transformaient en bouillie, en dépit des multiples tentatives de cuisson. Nous avions donc dû nous réapprovisionner sur place. Nos petits prix nous ont finalement coûté cher !

Il faut comparer des produits de même gamme, cultivés ou élevés selon les mêmes critères. En circuit court, les petits producteurs vendent en toute transparence des produits de qualité, des fruits et légumes bio ou cultivés en agriculture raisonnée, de même pour les produits laitiers, les œufs ou la viande. Un kilo de pommes acheté sur un marché de producteurs m'a coûté 2,20 euros. J'ai payé 2,90 euros sur le site Internet de producteurs Le Comptoir local. J'ai déboursé 3,60 euros pour un kilo de pommes bio dans l'épicerie paysanne Les Pissenlits à Marseille. Alors que, le mois précédent, j'avais payé mon kilo de pommes 4,40 euros au Monoprix. Des pommes de qualité comparable (non bio) sont en vente entre 3,50 et 3,99 euros le kilo dans une autre enseigne de grande distribution. Cette rapide comparaison du prix d'un kilo de pommes de gamme équivalente confirme qu'un produit non transformé est plus cher en grande surface, puis dans l'épicerie paysanne, ensuite sur le site Internet de producteurs. Enfin, la vente directe décroche la palme du prix le plus intéressant.

Une conclusion qui paraît somme toute assez logique : la diminution du nombre d'intermédiaires réduit d'autant les marges cumulées des entremetteurs qui s'ajoutent aux prix finaux des produits. Or, dans les supermarchés, les marges cumulées des différents intervenants pèsent lourd sur les prix. « La décomposition de l'"euro alimentaire" en valeur ajoutée montre le poids modeste de la rémunération des facteurs de production de l'agriculture dans la dépense alimentaire. Les rapports de prix, et donc les structures et organisations de marché dont ils résultent, règlent évidemment ce "partage" de la valeur, que l'on peut juger défavorable à l'agriculture », conclut l'Observatoire de la formation des prix et des marges des produits alimentaires dans une étude. Selon cet organisme d'État, moins de 10 % de la valeur ajoutée des produits alimentaires vendus en grande surface revient aux agriculteurs… Ce rapport n'a eu de cesse de se dégrader au profit de la grande distribution. Entre 1999-2013, la part de la valeur ajoutée revenant aux agriculteurs a diminué de 30 % au profit des grandes surfaces, selon cet observatoire.

Ces chiffres viennent un peu plus éclairer ma lanterne. Les produits vendus par les agriculteurs à la grande distribution leurs rapportent donc de moins en moins. « La guerre des prix » tant mise en avant par les distributeurs a donc été livrée contre les producteurs. Je comprends mieux la grogne des agriculteurs lorsqu'ils s'insurgent contre les marges de la grande distribution mais aussi pourquoi de plus en plus d'entre eux se lancent dans la vente directe.

### Les agriculteurs sauvés par les circuits courts

Avec les circuits courts, la répartition de la richesse créée par les produits alimentaires est en effet bien différente. Lors des ventes directes aux consommateurs, les producteurs ajoutent simplement le coût du transport, et parfois celui de la location des places de marché, aux coûts de production pour définir le prix du produit. En circuit court, via des épiceries paysannes ou des sites de ventes en ligne, par exemple, la marge de l'intermédiaire reste bien en deçà de celle des hypermarchés : sur 100 euros de courses, de 44,5 à 78,50 euros reviennent au producteur et de 16 euros à 50 euros à l'intermédiaire qui transporte et vend les produits. L'agriculteur fixe ainsi les prix en fonction des récoltes. Si elles sont bonnes, les coûts de production seront faibles et le prix sera moins élevé que ceux pratiqués par les grandes surfaces, qui ont des coûts fixes incompressibles (les marges des différents intermédiaires, la location du magasin...). À l'inverse, en cas d'intempéries, un producteur sera contraint d'appliquer un prix plus élevé pour ne pas vendre à perte. Or les supermarchés qui imposent leurs prix aux agriculteurs peuvent les contraindre de vendre à perte… Une situation périlleuse pour le producteur qui risque, à terme, de mettre la clé sous la porte. C'est une des raisons qui précipitent les faillites de nombreuses petites exploitations depuis des décennies.

L'essor des circuits courts est donc éminemment positif pour le milieu agricole. Ces ventes au plus près du consommateur permettent le maintien des petites exploitations qui auraient, sans ce système, mis la clé sous la porte. De nombreux agriculteurs me l'ont confié. À l'instar des époux Brostin, rencontrés la deuxième semaine. Ces producteurs laitiers basés dans le nord du Cotentin, qui transforment leur lait et vendent leurs produits sur les marchés ou directement à la ferme, m'ont affirmé que « les circuits courts les ont sauvés ». Leur petite exploitation ne leur aurait pas permis de survivre à la violente crise laitière. Puisque les producteurs fixent eux-mêmes les prix, ils ne vont pas délibérément choisir de vendre à perte. Ainsi, la répartition plus juste de la valeur ajoutée permise par les circuits courts est un moyen de préserver les petites exploitations et de maintenir les emplois des producteurs.

Ce système est même créateur d'emplois locaux pérennes, non délocalisables. Le nombre de points de vente directe et de systèmes innovants pour rapprocher producteurs et consommateurs ne cesse de se développer depuis quelques années. Or, plus le consommateur dispose d'endroits et de manières d'acheter des produits locaux, plus il y recourt, et plus cela crée des emplois, selon une étude menée à Rennes par le Civam de Bretagne, association qui soutient l'agriculture durable, et Agrocampus Ouest. Ainsi, entre 2009 et 2013, le chiffre d'affaires généré par les circuits courts est passé, en moyenne, de 15 à 19 millions d'euros dans la métropole bretonne.

Parallèlement, les producteurs qui décident de vendre leur production en circuit court ne passent pas par un unique système, mais ils multiplient les points de vente : à la ferme, sur les marchés, via des plateformes en ligne… L'agriculteur est ainsi obligé de mettre en place une vraie logistique entre la production, la mise en cageots, la transformation, le transport, la vente. Il doit déployer des compétences multiples qu'il ne peut pas toujours assumer seul. C'est par cette mécanique que l'emploi se crée. Les études récentes menées par l'Inra confirment que l'implication dans les circuits courts entraîne une complexification de l'exploitation et, très fréquemment, une augmentation de la charge de travail. Notamment parce que la gamme de produits proposés en circuit court est souvent plus large qu'en circuit long, précise l'institut. « Contrepartie favorable pour le territoire, mais aussi pour la transmission des savoir-faire, le surplus de travail peut inciter les petites structures à recourir à l'emploi d'un salarié ou à former des jeunes : les circuits courts créent jusqu'à deux fois plus d'emplois pour un chiffre d'affaires équivalent », ajoute le centre de recherche. Au total, ce sont 600 000 emplois qui pourraient être créés dans l'agriculture grâce aux circuits courts. Parallèlement, les consommateurs sont de plus en plus gourmands en informations sur les produits consommés. Ainsi, les visites pédagogiques dans les fermes rencontrent un franc succès. Des nouvelles activités nécessitent elles aussi la création de nouveaux emplois dans les territoires. C'est tout un cercle vertueux et créateur d'emplois dans le domaine agricole qui se met en place. Ces emplois et ces nouvelles activités dynamisent l'économie locale et participent au maintien des commerces de proximité et de l'artisanat. Mais d'autres services plus courts encore se créent afin d'assouvir la curiosité des Français avides d'en savoir toujours plus sur ce qu'ils mangent : il s'agit des cueillettes dans les fermes.

## L'autocueillette dans les champs

Ces services se développent à vitesse grand V et rencontrent un franc succès. Ainsi, j'ai voulu tester l'autocueillette, ce circuit le plus court entre producteurs et consommateurs. Plusieurs fermes ouvrent leurs portes aux consommateurs et les autorisent à venir eux-mêmes cueillir certains fruits et légumes. En toute logique, ceux qui optent pour cette solution paient leurs fruits et légumes moins cher. Même si aujourd'hui peu de paysans proposent au public la possibilité de venir cueillir les fruits et légumes sur leur terre, de plus en plus de fermes le proposent. Ainsi, je me suis renseignée auprès du réseau Chapeau de paille, qui regroupe des fermes proposant ce service. Il répertorie trente-deux exploitations en France, dont dix en Île-de-France. L'une d'elles se trouve à une cinquantaine de kilomètres de chez moi. Avant de m'y rendre, je me renseigne sur les possibilités de cueillette en ce moment. Nous sommes en avril, ce n'est pas encore la pleine saison, mais il est déjà possible de cueillir quelques légumes comme les carottes ou les poireaux en libre-service dans le potager. Je décide donc de m'y rendre.

Par chance, ce jour-là, il ne pleut pas. C'est le début de la saison, quelques personnes sont venues seules ou en famille pour ramasser des carottes, poireaux, ou encore des radis. Le principe est simple, les clients cueillent ce qu'ils veulent, ils pèsent leur récolte et paient en conséquence. L'exploitation fournit les contenants qu'il est préférable de rapporter à chaque cueillette. Ils sont d'ailleurs consignés pour inciter les consommateurs à rapporter ces sacs les fois suivantes. Des chariots ou brouettes sont également à disposition des ramasseurs tout comme des bêches plantées dans les champs.

Le vaste potager est divisé en plusieurs parcelles. À l'entrée de chaque enclos, les produits à cueillir sont indiqués par un panneau blanc et les prix au kilo sont précisés. Lorsqu'il n'y a pas de panneau dans une parcelle, c'est que le produit n'est pas à cueillir, m'explique le propriétaire. Des conseils pour ramasser les produits sont également donnés aux jardiniers en herbe ! Et les exploitants sont là pour répondre à toutes les questions.

Je suis fin prête à apprendre comment récolter des carottes, une première pour moi. Mes voisins de champ ont des techniques bien au point ! Je les observe et reproduis leurs gestes. Il suffit d'arracher les carottes entièrement, avec le feuillage, sans abîmer les plants restés en terre. Le mieux est de s'aider d'une bêche pour ne pas les abîmer au moment de l'arrachage. C'est très facile ! Je discute avec les autres ramasseurs qui, pour la plupart, sont des habitués et connaissent très bien le fonctionnement. Jean, retraité, vient ainsi faire ses emplettes depuis plusieurs années. Il dit qu'il vient faire son marché et que cela lui rappelle ses souvenirs de jeunesse quand il aidait ses parents à ramasser la production familiale du potager. Un peu plus loin dans les allées, Martine est venue avec ses petits-enfants pour leur faire découvrir comment poussent les légumes, pour qu'ils se familiarisent avec la terre et qu'ils ne pensent pas que « les carottes poussent dans les rayons des supermarchés ! », s'amuse-t-elle en secouant ses mains recouvertes de terre, avant de donner des consignes à sa petite-fille. Dans une autre parcelle, des cueilleurs s'activent et semblent récolter des poireaux plus vite que leur ombre ! Pourquoi une telle quantité ? Ils me confient qu'ils ont l'intention de faire des conserves de ces légumes. Jeanne, mère de famille, m'explique qu'ils sont d'abord venus ici pour faire une sortie en famille. Le concept leur ayant plu, ils reviennent régulièrement. Les enfants adorent et posent mille questions sur les légumes et fruits en croissance... auxquelles les parents n'ont pas toujours de réponse. Heureusement, les fermiers ne sont pas très loin pour donner toutes les informations demandées... ou presque ! Une petite épicerie dans l'exploitation vend également les produits des fermes alentour : du brie de Meaux, des fromages de chèvre des fermes voisines, des œufs ou de la viande de qualité des exploitations environnantes. Il y a aussi les fruits et légumes que l'on peut acheter déjà cueillis. Au total, les agriculteurs proposent une cinquantaine de fruits et légumes différents tout au long de l'année. Ils vendent aussi leur récolte sous forme de paniers dans deux gares SNCF. Le panier de 4 à 6 kilos de fruits et légumes de saison est à 15 euros.

Avec ce système et cette diversification, les agriculteurs affirment qu'ils vivent bien de leur métier. L'afflux de cueilleurs et d'autant de clients potentiels pour d'autres produits permet aussi de faire tourner la petite épicerie.

Ce jour-là, je cueille ainsi 2 kilos de poireaux et autant de carottes avant d'acheter des pommes dans la petite épicerie. Je me procure aussi des œufs, de la viande, des yaourts et du fromage de chèvre. De quoi tenir la semaine. En tout, je débourse 36 euros. La note est peu élevée. Je salive à l'idée du festin que je vais pouvoir déguster avec ces produits ! Les plats sont simples mais absolument délicieux, le fromage de chèvre est incomparable et cuit sur des morceaux de pommes de terre... Un régal !

Les constats de la semaine :

- Les produits artisanaux sont plus chers, mais les fruits et légumes sont plus économiques en circuit court ; le fait-maison contribue aussi à faire diminuer la facture. Et la cueillette est une solution particulièrement économique.
- Les « petits prix » des supermarchés coûtent cher.
- Les circuits courts créent des emplois.

## SEMAINE 8

# Deuxième constat : les bienfaits sur la santé

En plus d'être bons, je me rends rapidement compte que les produits achetés en circuit court ont un effet positif sur ma santé. Les produits de qualité ainsi achetés ont des avantages nutritionnels indéniables. Les produits frais sont meilleurs, les fruits et légumes ont plus de goût. Comment oser comparer une ratatouille toute faite à un plat préparé avec des légumes de saison des producteurs !

Le constat se produit dès la cuisson des aliments. Ainsi, le poulet qui a été élevé en plein air, nourri aux grains et sans antibiotiques ou autres médicaments, n'a ni la même texture ni le même goût que le poulet industriel. La viande ne fond pas à vue d'œil dans la poêle. Le rumsteak est particulièrement tendre et fondant. Les œufs frais sont sans comparaison avec ceux achetés en grande surface. Les fruits n'ont ni la même odeur ni la même saveur et encore moins la texture de leurs homologues proposés en grande distribution, les pommes cuites ne disparaissent pas sous la chaleur du four ou d'une casserole.

Quant aux fromages, ce serait un sacrilège de comparer les produits des artisans à ceux lyophilisés et insipides achetés en grande surface. Les yaourts fermiers sont eux aussi bien différents, leur douceur est une réelle découverte pour moi. J'apprécie ainsi davantage le goût des aliments simples. Un œuf à la coque avec du beurre devient un délice olympien et je me régale avec des endives de saison au jambon issu des porcs élevés sur la paille. Les soupes de cresson et de légumineuses sont tout aussi succulentes. J'apprécie davantage de cuisiner, le résultat étant rarement décevant.

## Les avantages nutritionnels des circuits courts

D'un point de vue nutritionnel, là encore, le consensus est total : ces produits artisanaux sont bien meilleurs pour la santé. D'une part, ce mode d'achat influence ma consommation, je ne mange quasiment plus de gâteaux industriels ou de jus de fruits en brick. Je ne me prive pas pour autant des sucreries, mais je ressens moins le besoin de consommer du chocolat ou des gâteaux artisanaux. D'autre part, dans le cadre des circuits courts, les produits ont peu de conservateurs, d'ajouts chimiques, et se conservent moins bien ; il faut donc les manger plus rapidement. En outre, la fraîcheur des aliments est plus grande, un maraîcher proposera ses légumes coupés à maturité le jour même ou la veille. En circuit long, les légumes, cueillis alors qu'ils ne sont pas encore mûrs, finissent de mûrir sous serre ou dans les containers de transport, un mode de culture qui a nécessairement un impact sur la qualité nutritive des aliments.

Par ailleurs, les petits producteurs privilégient des modes d'exploitation proches de ceux qui prévalaient avant la révolution industrielle. Or nous savons que la qualité des aliments a grandement décliné depuis la mécanisation de l'agriculture, en raison des méthodes d'agriculture intensive, la monoculture, la moindre diversité alimentaire, l'apparition des organismes hybrides ou encore l'utilisation de produits chimiques. Ces nouvelles méthodes ont certes permis une baisse des coûts de production, mais au détriment de la qualité des produits et de notre santé. Au cours des cinquante dernières années, les aliments auraient ainsi perdu jusqu'à 75 % de leur valeur nutritive. Les pommes sont régulièrement pointées du doigt : l'apport en vitamine C d'une pomme des années cinquante était cent fois plus important que pour une pomme cultivée aujourd'hui. Il faut donc en consommer une centaine aujourd'hui pour égaler les apports nutritifs de leurs ancêtres ! Mais les industriels ont d'autres priorités, comme le rendement ou la satisfaction des exigences des consommateurs – les pommes Pink Lady se conservent davantage et ont un aspect plus « joli », mais des qualités nutritionnelles en deçà d'autres variétés. Et ce constat se répète pour une grande majorité de fruits et légumes que nous consommons.

La viande, le lait frais ou le blé sont aussi concernés. Par exemple, les vaches noires et blanches, de race Prim'Holstein, originaires des Pays-Bas, sont de plus en plus nombreuses dans les pâturages français. Issues de croisement entre des vaches hollandaises et américaines, elles ont été sélectionnées pour leur « rentabilité ». Ces vaches produisent en effet plus de lait que leurs homologues de Normandie ou du Cantal, d'autant que les mamelles de la Holstein sont parfaites pour la traite mécanique. Ainsi adaptées à l'élevage intensif, elles produisent 80 % du lait en France. Ces vaches ont détrôné les vaches normandes, marron et blanc, en Normandie, les salers dans le Cantal, la béarnaise dans le Sud-Ouest. La mode n'est plus aux rousses, aux blondes ou aux tricolores… Les vaches blanches aux larges taches noires sont majoritaires dans quasi toutes les régions. Toutefois, la quantité faramineuse de lait produite par ces bovins se fait au détriment de la qualité et de la richesse nutritive, à tel point que ce lait ne peut servir à produire des fromages de caractère. Cette sélection unilatérale s'est aussi faite au détriment de la santé de l'animal. Les vaches cumulent des problèmes de fertilité, une moindre résistance aux maladies et des difficultés au vêlage. Les veaux sont moins robustes à la naissance, les vaches vivent moins longtemps… mais c'est la quantité de lait produit qui est visée, rien d'autre. À l'instar de la Prim'Holstein, d'autres races d'animaux ont été sélectionnées génétiquement pour produire plus, comme les poulets à croissance rapide. Pour toutes ces viandes, les apports nutritionnels sont faibles. Sans oublier la souffrance de ces animaux créée par les élevages intensifs.

Conséquence directe : dans les pays industrialisés, de nombreuses personnes sont carencées ou souffrent d'une insuffisance en micronutriments comme le fer, le zinc, mais aussi en acides gras et en vitamines.

À l'inverse, certains aliments issus de l'agriculture biologique ou raisonnée sont davantage préservés. Les producteurs privilégient en effet les variétés anciennes, dont la teneur en vitamines et nutriments est plus élevée que celle des variétés modernes. C'est d'ailleurs grâce aux circuits courts que j'ai découvert des variétés anciennes de légumes comme le navet boule d'or ou les petits poireaux jeunes. Par ailleurs, je n'avais jamais cuisiné de topinambours et rarement des légumineuses. Pourtant, ces aliments sont bien meilleurs pour la santé en plein hiver.

## La nature fait bien les choses : les apports des produits de saison

La nature est en effet bien faite : les fruits et légumes correspondent à nos besoins pendant chaque saison. Ainsi, en hiver, avec le froid et le manque de soleil, notre corps a davantage besoin de nutriments et notre système immunitaire doit être stimulé. Eh bien ? Les légumes sont riches en minéraux et les agrumes regorgent de vitamine C. Par exemple, le chou, légume d'hiver par excellence, contient beaucoup de vitamine D. À l'inverse, en été, avec la chaleur, notre organisme dépense moins de calories, mais il a besoin de plus d'eau. Les fruits et légumes de cette saison répondent à cet impératif : les melons, salades, tomates, courgettes, fruits rouges sont remplis d'eau indispensable au bon fonctionnement de notre organisme. Autre élément important : la teneur en vitamines des fruits et légumes diminue progressivement après leur récolte. Or les fruits et légumes de saison sont consommés plus rapidement. À la différence des bananes ou kiwis qui font plusieurs semaines de bateau avant d'arriver dans nos chariots, et ne sont finalement pas aussi bénéfiques à notre santé que les spots télévisés l'affirment. L'image d'Épinal du kiwi gorgé de vitamine est en fait très éloignée de la réalité. Les légumes de saison sont riches en antioxydants, qui protègent les cellules de notre corps des agressions et permettent de prévenir l'apparition de certaines maladies et de rester jeune plus longtemps.

En toute logique, les fruits et légumes de saison, en plus de pouvoir être produits à proximité de leur lieu de consommation, sont cultivés dans des conditions plus naturelles. Ainsi, inutile d'utiliser des serres chauffées et arrosées de pesticides pour compenser le manque de soleil, comme c'est le cas dans la production de tomates hors saison. Les endives ou les navets conservent les nutriments qu'ils puisent dans le sol. À l'heure où les scientifiques établissent des liens entre notre nourriture et la hausse du nombre de cancers, de cas d'infertilité et la multiplication des allergies alimentaires, mieux vaut retourner aux préceptes de la nature pleine de bon sens.

Enfin, suivre la saisonnalité de nos aliments permet d'avoir une alimentation plus variée, de découvrir et tester des légumes peu consommés, de chercher des variétés anciennes. Cette diversification alimentaire est une des clés pour être en forme et le moins carencé, tous les nutritionnistes le reconnaissent. En bref, les spots télévisés vantant les indispensables cinq fruits et légumes par jour devraient surtout recommander des fruits et légumes de saison.

Résultat des courses : en mangeant des fruits et légumes de saison, en redécouvrant des variétés anciennes cultivées localement, je me sens plus en forme. Mon compagnon et moi ressentons un regain d'énergie.

J'ai aussi le sentiment de manger un peu moins mais mieux, la sensation de satiété est en effet atteinte plus rapidement. Je me sens plus à l'aise dans mes pantalons, j'ai un peu maigri.

**Retrait des produits en point-relais**

Forte de ces constats positifs, je suis plus que jamais motivée à poursuivre sur ma lancée. Je me décide, cette semaine, à tester une nouvelle solution bien connue des amateurs des circuits courts et bête noire des supermarchés : La Ruche qui dit oui. Le système a plus que fait ses preuves et conquis un grand nombre de consommateurs. Je ne pouvais pas passer à côté de cette solution incontournable.

Le principe est assez simple : le client commande ses produits en ligne, puis il vient les récupérer dans un point-relais auprès des producteurs partenaires qui ont eux aussi fait le déplacement. Je termine souvent trop tard pour me rendre à temps dans le lieu de récupération des produits, mais, cette fois, je me suis organisée.

Je sélectionne donc une « ruche », un lieu où récupérer mes aliments. Ça tombe très bien : il y en a un entre la gare de RER et mon domicile. Puis je commence mes emplettes en ligne. Le choix est large, près d'une soixantaine de producteurs. Je peux tout acheter : de la viande, des fruits et légumes, des gâteaux, du chocolat, du fromage, du pain, des fleurs, et même des savons artisanaux ! Tous les produits sont proposés par des producteurs de la région, situés à moins de 250 kilomètres, une faible distance lorsque l'on sait que le parcours moyen d'un produit alimentaire se situe entre 2 400 et 4 800 kilomètres. Les agriculteurs sont sélectionnés par la personne qui tient La Ruche – baptisée « l'abeille » – qui pose ses conditions. Dans certaines ruches, les produits sont exclusivement bio. Dans tous les cas, les exploitants doivent respecter certains critères de production et notamment être le fruit d'une agriculture raisonnée, des petites structures qui utilisent peu de produits chimiques.

Je choisis un panier de légumes de saison de 4 kilos pour 7 euros, un kilo de poires, 16 yaourts, du beurre, du fromage, un rôti rumsteak, des côtes de porc, du jambon, des œufs fermiers, une grosse brioche, du chocolat, un savon… de quoi tenir la semaine pour un montant de 57 euros. Je me rends sur les lieux et c'est l'affluence ! Les clients sont nombreux, l'ambiance est chaleureuse avec les producteurs et la remise des produits est organisée. Là encore, les choses sont assez simples. Les producteurs sont venus en personne faire la distribution. Ainsi, chaque client a un numéro de commande qu'il décline sur le stand du producteur qui lui remet ses produits. Il n'y a aucun échange d'argent, les courses ont été réglées au préalable via la plateforme. Les fermiers sont bien occupés par la distribution, mais trouvent le temps de répondre aux questions des clients curieux. Ils se sont organisés pour tenir la permanence à tour de rôle, ce qui leur procure un gain de temps. C'est le maraîcher qui nous accueille en premier et m'explique de quoi est composé mon panier, des pommes de terre, des carottes de plusieurs variétés, quelques topinambours, des betteraves, des navets boules d'or et du céleri. Uniquement des légumes de saison. Je n'ai jamais cuisiné cette variété de navet, le maraîcher me donne quelques conseils de cuisson que je mettrai en application. Puis je récupère les fruits, la brioche, le fromage, la viande, et je prends ensuite les succulents yaourts de la ferme du Petit Rémy. Je retrouve Christelle Drévillon, une fermière rencontrée lors de la tournée des fermes du Comptoir local lors de la quatrième semaine. L'agricultrice est toujours aussi joviale et chaleureuse. Je suis heureuse de la croiser. Si elle se rend tous les quinze jours à cette ruche, elle fixe tout de même un nombre de commandes minimum, pour ne pas se déplacer à perte. Elle apprécie de rencontrer les clients et de discuter de ses méthodes de fabrication de yaourts. C'est aussi du temps qu'elle ne passe pas à la ferme.

Pour elle, le système idéal serait une sorte de covoiturage des produits fermiers pour pouvoir les acheminer jusqu'au consommateur et ainsi grouper les déplacements, ce qui représenterait un gain de temps pour les fermiers, et aussi des mutualisations de déplacements. Le système n'existe pas encore, mais à la vitesse où les innovations voient le jour dans le domaine de la « food tech », il y a fort à parier que d'ici quelques années une telle optimisation du système pourrait voir le jour.

Sur les stands, je croise des habitués qui détectent leur commande et se servent, ils connaissent le système et les producteurs de longue date. Et puis il y a les novices, qui découvrent, un peu perdus mais enchantés de rencontrer les producteurs. D'autant que l'abeille accueille les nouveaux venus avec le sourire et des gâteaux maison… Hummmm ! Tous se réjouissent d'avoir ainsi une transparence absolue sur les produits qu'ils achètent, c'est ce que tous les consommateurs sont venus chercher ici, des produits de qualité, des saveurs du terroir, de l'authenticité et une personnalisation des achats. Les clients discutent entre eux, s'échangent leurs impressions sur les produits et les idées de recettes. L'ambiance est à mille lieues d'un marché classique et à des années-lumière d'un supermarché ! La permanence est ouverte de 17 h 30 à 19 h 30. Cependant, la reine de la ruche recommande de venir dans la deuxième heure, il y a moins de monde et cela évite de rater certains producteurs qui peuvent avoir un peu de retard.

De retour chez moi, je ne peux que constater la qualité des produits. Je connaissais déjà les yaourts, mais les œufs, le beurre, le fromage ont des goûts incomparables avec les produits industriels. Quant aux légumes, ils sont authentiquement pleins de terre, mais leur saveur est remarquable, les pommes de terre sont absolument délicieuses. À moins de 2 euros le kilo de légumes, le prix est très intéressant. Et puis, c'est très pratique, en un quart d'heure, je récupère tous les produits dont j'ai besoin sans faire des kilomètres pour me rendre dans plusieurs points de vente, puisque aucun des producteurs ici présents ne vend ses produits en grande surface.

Je comprends ainsi pourquoi le système a conquis le cœur de nombreux Français. Aujourd'hui, La Ruche qui dit oui compte 1 300 points de distribution dans toute la France. En 2016, la start-up, qui emploie désormais plus d'une centaine de personnes, a réalisé près de 40 millions d'euros de volume d'affaires. Pas de quoi toutefois faire trembler la grande distribution. Du moins, pas encore ! Mais ce succès prouve que les clients sont de plus en plus nombreux à se tourner vers des alternatives aux supermarchés.

Le modèle économique de La Ruche qui dit oui est assez simple. C'est le producteur qui fixe les prix. Le consommateur règle ses produits via la plateforme, laquelle conserve 8,30 % du prix payé. Le responsable de La Ruche est, lui, rémunéré à hauteur de 8,35 % des commandes passées. Il a plusieurs missions : il sélectionne les producteurs et s'assure ainsi qu'il s'agit bien de petits producteurs et non de grossistes, il organise la distribution, garantit le suivi des commandes et fait en sorte qu'il n'y ait pas d'erreurs, d'oublis de produits de la part des producteurs ou des consommateurs. Les oublis sont légion. Le lendemain de la vente, la responsable de la ruche nous a envoyé un mail pour nous informer que certains clients avaient oublié du chocolat, des pots de confiture... et qu'ils pourraient venir les chercher chez elle. Des producteurs avaient en outre omis certains produits qui ont ensuite été recrédités sur les comptes des clients concernés... Les aléas de l'artisanat ! En moyenne, une responsable de ruche consacre 40 heures de travail par mois payées 400 euros net. Il s'agit d'un complément de revenus non négligeable pour certains.

Les producteurs y trouvent aussi leur intérêt. Le système est en effet plus rémunérateur, puisque ce sont eux et eux seuls qui fixent les prix. Par ailleurs, à l'inverse de ce qui se produit sur un marché classique, il n'y a pas de perte pour eux, ils ne cueillent pas de fruits et légumes pour rien, ils ne se déplacent pas avec des kilos de produits inutilement. Ils connaissent à l'avance ce qu'ils vont vendre et combien de temps cela va leur prendre.

Quant au consommateur, il peut rencontrer des producteurs en ayant la garantie que ces derniers cultivent selon des critères bien précis, il sait qu'il n'a pas affaire à des grossistes, il connaît d'avance les prix, qui peuvent être très intéressants ou pas, en fonction des producteurs, puisqu'ils sont seuls à déterminer les prix. Ainsi, les bonnes affaires côtoient les mauvaises, une escalope de veau peut être deux fois moins chère qu'en supermarché, mais une endive pourra être 20 % plus onéreuse, il faut faire preuve de vigilance ou acheter en connaissance de cause : le maraîcher vendra peut-être ses endives plus chères si la récolte a été mauvaise. Il faut aussi revoir sa consommation, car ce n'est pas ici que les clients trouveront des ananas ou des mangues qui ont fait trois fois le tour du globe avant d'arriver dans leurs assiettes – et dont les conditions de récolte ne sont pas aussi strictes et surveillées qu'en France ! De même, impossible de trouver des biscuits, des boissons ou des pâtes industrielles.

Toutefois, le système est sous le feu de certaines critiques. La Ruche qui dit oui est accusée d'« ubériser » l'agriculture. De fait, hormis ceux qui travaillent directement pour le site, ni les agriculteurs ni les abeilles ne sont salariés par le système. Certains estiment ainsi que les agriculteurs qui se chargent de la logistique sont faiblement rémunérés pour les tâches qu'ils accomplissent, tout comme les abeilles, chargées tout à la fois de la distribution, la sélection et la vérification des déclarations des exploitants – il faut s'assurer notamment qu'ils ne vendent pas leurs produits également en supermarché. Mais ceux que j'ai rencontrés ne se plaignaient pas en tout cas. Le système n'est sûrement pas parfait, mais il a le mérite de proposer une alternative facile et accessible aux consommateurs et producteurs et de les rapprocher. La Ruche qui dit oui n'est pas la seule plateforme à fonctionner selon ce modèle. Ainsi, les *drives* fermiers ne cessent de se développer partout en France. Le principe est similaire : les clients passent leur commande en ligne auprès de producteurs puis viennent retirer leurs paniers en points-relais. Le réseau est géré par les chambres d'agriculture et leur marque Bienvenue à la ferme. Les producteurs sont là aussi chargés de la logistique, mais, à la différence de La Ruche qui dit oui, la plateforme ne prend pas de commission. Toutefois, le réseau n'est pas encore très développé – dans mon cas, je devrais faire plus de 20 kilomètres pour récupérer mes achats, ce qui est trop contraignant. D'autres sites comme kelbongoo.com se sont également lancés sur ce créneau de la commande de produits fermiers. Tous ces développements prouvent l'intérêt des consommateurs pour des systèmes novateurs leur permettant de se procurer des produits fermiers sans passer directement dans plusieurs exploitations.

Au total, pour une semaine de courses à La Ruche, je débourse 68 euros pour un poulet label rouge, des pommes, poires, poireaux, des fromages fermiers, douze yaourts, des gâteaux, brioches… Les produits sont exquis. « Les clients sont fidèles », me confie celle qui tient La Ruche. « La Ruche permet aux consommateurs de se procurer des produits du terroir issus des petits producteurs locaux, sans pour autant devoir se rendre dans les exploitations ou adhérer à une Amap », ajoute la reine des abeilles.

Les Amap : toutes les solutions de circuits courts que je teste sont comparées ou assimilées à ces Associations pour le maintien d'une agriculture paysanne. Il est temps que je trouve le moyen d'y adhérer.

LES CONSTATS DE LA SEMAINE :

- Les produits des fermiers sont bien meilleurs et les apports nutritionnels sont incomparables (sur les cinquante dernières années, les aliments ont perdu 75 % de leur valeur nutritive).
- Nos corps ont besoin de consommer des fruits et des légumes de saison.
- La Ruche qui dit oui est une découverte.

## SEMAINE 9

# Adhésion à une Amap

### Découverte des « marchés sur l'eau »

Je ne pouvais pas passer à côté des incontournables Amap, l'un des circuits courts les plus connus. Le principe est simple : des consommateurs sélectionnent collectivement un ou plusieurs producteurs et s'engagent pour un certain nombre de commandes et leur fréquence. En général, les membres d'une Amap adhèrent pour un an, à raison d'un panier hebdomadaire.

Un contrat est alors signé et les particuliers versent une somme chaque semaine, ou dans une temporalité choisie, pour se procurer un panier de fruits et/ou de légumes de saison du producteur.

Là encore, plusieurs modes de distribution sont possibles : le consommateur peut venir récupérer le panier à la ferme, se faire livrer à domicile ou sur un autre lieu déterminé à l'avance. L'adhérent sait ainsi au préalable qu'il n'a plus à se soucier du choix de ses légumes, ils sont guidés par la saisonnalité. Il ne s'inquiète pas non plus de la qualité de ses fruits et légumes, puisqu'il connaît à l'avance les produits du maraîcher sélectionné. En outre, le prix est attractif. Le producteur bénéficie, lui, d'une meilleure visibilité sur sa production et dispose d'un revenu régulier. Il est en outre dispensé des démarches commerciales, puisque les clients viennent à lui, il n'est pas contraint de se rendre sur les marchés et il a la garantie d'écouler sa production.

Fort de tous ces atouts, le système ne cesse de conquérir de nouveaux adeptes. En France, le réseau compte plus de 250 000 adhérents, en partenariat direct avec près de 4 000 paysans, selon le mouvement interrégional des Amap. Certaines d'entre elles ont plus de quinze ans d'existence alors que d'autres sont tout juste inaugurées. Le succès est au rendez-vous, à tel point que je ne peux adhérer à l'Amap la plus près de chez moi car il y a déjà trop de monde ! Le producteur sélectionné ne peut pas assurer toutes les commandes ! Fait suffisamment rare pour être noté, puisque la majorité des petits exploitants est davantage confrontée à la surproduction qu'à une situation où la demande est excédentaire. Ce succès témoigne de l'intérêt des Français, ou tout du moins des Franciliens, pour ce mode de distribution.

Cette première déconvenue ne me détourne toutefois pas de mon objectif, celui d'adhérer à une Amap. Après quelques recherches, je parviens à trouver un groupement de consommateurs ouverts à de nouveaux adhérents et qui est compatible avec mon emploi du temps. Il s'agit des Marchés sur l'eau, une Amap dotée d'un mode de fonctionnement un peu particulier et dont l'un des points de distribution n'est pas trop éloigné de mon domicile. L'attribution des paniers se fait sur la terrasse de la Rotonde de la Villette à Paris, le mardi soir de 18 heures à 20 heures ou le samedi midi de 11 h 30 à 13 h 30. Le principe de cette association est simple : je m'engage sur l'achat de dix paniers ; j'en récupère un chaque semaine. Je peux choisir des paniers plus ou moins grands dont les tarifs varient de 11 euros à 19 euros. Comme dans les autres Amap, la responsable de l'association me confirme que les prix des produits sont fixés par les producteurs eux-mêmes.

La remise des paniers reste flexible : si je pars en vacances, je peux décaler la récupération de ma commande et si je souhaite plus de légumes, je peux prendre deux paniers le même jour. Comme promis, la composition du panier varie chaque semaine en fonction des saisons des fruits et légumes disponibles à la récolte. Les responsables de l'Amap me préviennent que les conditions climatiques peuvent également influencer le contenu de mon panier. Sa composition n'est toutefois pas complètement une surprise, puisque je peux la connaître à l'avance, elle est mentionnée sur le site, sur la boutique Internet, ou encore sur la page Facebook de l'association. Chaque semaine, je vais ainsi récupérer quatre à six produits différents dont une variété de fruits de saison, des crudités, des légumes à cuire. Par ailleurs, je reçois une fois par mois, entre mai et novembre, un fromage de chèvre et six œufs fermiers bio. Et je peux échanger les articles que je n'apprécie pas.

Ainsi, pour ma première semaine d'adhésion, j'ai obtenu 800 grammes de pommes, 700 grammes de navets boule d'or, un chou vert, 600 grammes de pommes de terre, 650 grammes de carottes vrac et un demi-céleri. Les producteurs des fruits et légumes proposés sont tous identifiés, tous installés en région parisienne, et ils cultivent en agriculture biologique ou « raisonnée » – ils utilisent donc peu de produits phytosanitaires.

La grande particularité de cette Amap est qu'une partie des légumes est acheminée par bateau au point de distribution ! Car, parmi les exploitations sélectionnées, plusieurs sont situées à proximité des fleuves et canaux reliés à Paris. De même pour les points de distributions qui sont eux aussi basés près des quais des canaux ou de la Seine. Il est ainsi plus facile de transporter les fruits et légumes par voie fluviale. C'est cette spécificité qui m'a conduit dans les bras de cette petite association ! Au départ, je pensais même que la récupération des paniers se faisait sur une péniche. Mais la barge qui achemine les fruits et légumes est trop étroite pour accueillir à la fois les adhérents, les clients et les provisions. Le petit marché se tient donc à proximité de l'eau, la distribution a lieu près du petit port fluvial de la Villette.

Lorsque je me rends dans ce lieu pour prendre mes légumes, il fait très beau, les rayons du soleil viennent égayer tout le petit microcosme affairé à renseigner de potentiels nouveaux adhérents, distribuer les paniers, peser les légumes… En plus de la distribution des paniers, l'association tient un petit marché avec quelques stands de producteurs tous les samedis. Les badauds peuvent ainsi venir acheter quelques produits locaux, à condition toutefois de s'acquitter d'une somme modeste en guise d'adhésion avant de pouvoir effectuer leurs premiers achats. En revanche, les membres de l'Amap, eux, n'ont nul besoin de payer ces frais supplémentaires pour se procurer tous les produits vendus sur le petit marché. Ainsi, les produits des paysans partenaires sont proposés sur ce marché tenu par les adhérents de l'Amap.

Parmi eux, une apicultrice amatrice est venue vendre des produits transformés à partir de son miel récolté à Paris ! Un peu surprise d'imaginer les abeilles butiner dans la capitale, je me laisse convaincre. La marchande occasionnelle m'assure que son miel contient finalement moins de pesticides que d'autres issus d'abeilles qui butinent à proximité de cultures intensives arrosées par un tas de produits chimiques. Je me régale ainsi avec le cake au miel et à l'orange et les quelques pâtisseries artisanales proposées. Puis je m'aventure auprès des autres stands. J'achète une bouteille d'huile de noisette, une poignée de légumes, des betteraves, deux poireaux, des fruits et quelques yaourts. En apparence, le marché est tout ce qu'il y a de plus classique, mais en apparence seulement, car, hormis l'apicultrice amatrice, aucun des producteurs n'est présent, tous les produits sont vendus par des bénévoles de l'association. Les apprentis marchands font ainsi la promotion de produits locaux, du miel, fromage ou des yaourts, qu'ils dégustent régulièrement. L'un des principes des Amap est en effet de s'appuyer sur le réseau d'adhérents pour toute la logistique, un moyen de réduire le coût de la main-d'œuvre et ainsi de diminuer les prix des produits sans empiéter sur les revenus des paysans. Les adhérents s'engagent sur la base du volontariat, nul besoin d'être présent toutes les semaines, simplement plusieurs fois par an pour trier, peser les fruits et légumes, préparer les paniers et, dans le cas des marchés sur l'eau, renseigner les potentiels adhérents, ranger les produits, tenir les stands le temps du marché ou jouer au marchand ambulant !

Je demeure quelques instants sur place pour observer ce va-et-vient autour des stands. Les adhérents s'affairent et renseignent de nombreux curieux attirés par toute cette agitation ! Plusieurs passants semblent conquis par ce système. Les bénévoles se connaissent et discutent bien volontiers de leurs derniers paniers et des recettes qu'ils ont pu faire avec les produits, ceux qu'ils ont appréciés et ceux dont ils se seraient bien passés ! Ils sont très ouverts à la discussion. Conquis par ce mode de distribution, ils n'hésitent pas à en chanter les louanges. Ils avancent des arguments différents : si tous vantent les bienfaits des produits, certains apprécient particulièrement de consommer des fruits et légumes locaux et de saison là où d'autres aiment la cohérence de ce mode de consommation et de pouvoir se procurer des biens de qualité à des prix abordables. La dimension humaine est aussi un critère mis en avant par les aficionados de ce mode de consommation engagé et alternatif.

Ces consomm-acteurs habitent Paris ou la proche banlieue, sont concernés par leur alimentation et confient déjà leur volonté d'aller plus loin. Ils évoquent une possible adhésion à La Louve, le premier supermarché coopératif de Paris. Les bénévoles, principalement des femmes, viennent de milieux sociaux différents, certains travaillent pour l'Éducation nationale ou la poste là où d'autres sont psychologues, médecins et côtoient des spécialistes de la communication ou du marketing. Si les profils sont variés, tous se réjouissent du système et s'amusent des quelques instants consacrés à l'association.

Le marché touche à sa fin. Cela tombe bien, car les étals sont très clairsemés. Il n'y a presque plus rien à vendre, les derniers fruits et légumes sont bradés puis distribués aux vaillants bénévoles encore présents. Les adhérents rangent les balances, ardoises, tréteaux et tout le matériel utilisé pour la tenue de ce petit marché, puis ils nettoient les lieux. Je ne pourrai toutefois pas voir la barge repartir, elle a déjà fait machine arrière. Les stands, panneaux et tout le matériel qui a servi à organiser la distribution et le petit marché sont transportés en camion. Les bénévoles affirment être satisfaits de leur matinée, ils ont le sentiment d'avoir agi en faveur de leur santé, mais également de la planète, ils partagent une forme de devoir accompli, mais ils ont hâte de regagner leurs pénates ! Ils sont notamment motivés par le désir de déguster les fruits et légumes des producteurs qu'ils ont vu défiler dans les paniers toute la matinée. Je partage ce sentiment.

Je fais un détour chez le boucher pour acheter de la viande que je n'ai pas trouvée via l'Amap. Je me procure un petit rôti et un petit filet mignon. Entre ce que j'ai acheté sur le marché, le boulanger, le panier de l'Amap et ma note chez le boucher, au total je dépense 57 euros pour mon panier hebdomadaire. Là encore, ma note est moins élevée qu'en supermarché.

## La chasse au gaspillage

Je constate aussi que je gaspille beaucoup moins d'aliments en passant par les circuits courts, ce qui justifie aussi que je dépense moins pour me nourrir. De fait, en optant pour ces circuits, je ne peux pas faire un plein de courses au dernier moment sur un coup de tête. Je dois davantage m'organiser : prévoir mes achats et mes repas, un moyen de consommer sans gâcher. Auparavant, je n'y pensais pas, j'achetais les aliments qui me manquaient en faisant un saut au supermarché du coin, puis je remplissais mon panier au gré de ce que les rayons me proposaient, sans vraiment planifier mes repas.

En circuit court, il se crée une relation presque affective avec des aliments dont on connaît la provenance. Je sais comment a été cultivée la pomme de François ou comment les yaourts de la ferme du Petit Rémy ont été transformés. J'ai vu Violette la vache dont le lait a ensuite été transformé pour devenir de la tomme de la ferme de Saint-Thibault. Je pense aux cochons qui couraient dans leur enclos lorsque je regarde les tranches de jambon et aux poulets qui gambadaient sur la paille en observant la volaille que j'ai prévu de cuisiner ! Je me remémore les petits chevreaux en voyant les briquettes de fromage de chèvre lorsque j'ouvre le réfrigérateur. Je trouve inimaginable et même moralement insoutenable de laisser ces produits, fruit d'un dur labeur, se périmer. C'est idiot, mais j'ai moins de scrupules avec les produits industriels et « anonymes ». Ainsi, je vais plus facilement chercher à transformer les délicieuses poires gorgées de jus du verger de Molien en compote avant qu'elles ne pourrissent, je réserve le beurre un peu passé pour la cuisine mais je ne le jette pas, je fais des hachis et des gratins avec la viande restante et je congèle les plats préparés. J'ai donc moins de produits perdus et inutilement achetés lorsque je passe par les circuits courts. D'autant que j'ai moins de tentation. De fait, en supermarché, au détour de chaque rayon on peut trouver des promotions qui attirent l'œil et nous font acheter des produits dont on n'a pas besoin, ce qui nous pousse à acheter plus que nécessaire et augmente de facto le gaspillage.

Voilà qui explique les quantités astronomiques d'aliments jetés en France : les Français gaspillent en moyenne 21 % des aliments achetés, soit 6,5 millions de tonnes de déchets alimentaires par an – 20 kilos par an en moyenne par Français – selon le ministère de l'Agriculture, de l'Agroalimentaire et de la Forêt. Le coût de cet impressionnant gaspillage alimentaire s'élève entre 100 et 160 euros par an et par habitant, selon une étude menée par l'Agence de l'environnement et de la maîtrise de l'énergie (Ademe), soit 12 à 20 milliards d'euros au total en France chaque année. Ajoutez à cela que ces aliments jetés représentent 1,2 million de tonnes de poubelles supplémentaires à gérer par la collectivité chaque année. Si on réduit les déchets, on diminue aussi cette note qui sera au final réglée par les contribuables.

D'autant que les supermarchés eux-mêmes jettent beaucoup d'aliments. La grande distribution est en effet très regardante sur les mensurations des aliments. Ainsi, des fruits et légumes qui ne respectent pas certaines tailles ou dimensions sont recalés. Dès leur sortie du champ, le tri des pommes de terre génère beaucoup de pertes et environ 30 % des salades, qui s'abîment très facilement, sont jetées avant d'atteindre les rayons des supermarchés. Au total, les grandes surfaces et les distributeurs gâchent près de 1,4 million de tonnes de nourriture par an, malgré des opérations comme les « gueules cassées » qui visent à réhabiliter des légumes moins bien calibrés, et ainsi réduire cet absurde gaspillage.

C'est aussi pourquoi, las de ces exigences de la grande distribution qui les poussent à jeter un grand nombre de biens comestibles, des agriculteurs se tournent vers les circuits courts. De fait, en circuit court, ils ne sont pas contraints de proposer des fruits et légumes calibrés et standardisés et de jeter ceux qui ne répondraient pas aux critères fixés. Les consommateurs sont en effet davantage prêts à acheter des fruits et légumes hors normes en circuit court. Dans certaines épiceries paysannes, des pommes de terre à deux jambes ou des carottes biscornues font même la fierté des boutiques[1] !

## À la rencontre des producteurs Amap

Séduite par le système des Amap où les fruits et légumes biscornus sont de qualité, je souhaite maintenant rencontrer les producteurs qui vendent leur production par ce biais.

Alors que nous sommes de passage dans le Loir-et-Cher où réside ma belle-mère, celle-ci nous propose de nous faire participer à une visite organisée de quelques maraîchers et producteurs locaux, installés en périphérie de Blois, qui proposent leurs fruits et leurs légumes aux Amap.

Nous commençons par Anne-Sophie Castets, une maraîchère bio à son compte depuis peu, après vingt ans d'activité salariée dans le Val-de-Loire en conseil technique en maraîchage. En pantalon à poches et veste polaire, nous la cueillons au milieu de ses serres, devant un parterre de jeunes plants parfaitement alignés. Elle s'excuse de porter des vêtements de travail ! Sous l'une de

1. Voir Première semaine.

ses serres, l'agricultrice de quarante-six ans explique ses méthodes douces de production : tout est planté et désherbé à la main ; elle n'utilise aucun pesticide sur ses quatre hectares de plants de fruits et légumes cultivés sous serre. Les visiteurs sont attentifs et curieux. La paysanne joviale répond avec enthousiasme aux nombreuses questions. Elle retourne sa terre mais ne la laboure pas et elle varie sa production. L'hiver, elle fait pousser des choux de Bruxelles, panais, persil tubéreux, navets, radis red meat, mâche, chicorée, pourpier d'hiver, épinards et fenouil… Au printemps, elle récolte des courgettes, aubergines, pommes de terre primeurs, fenouil, navets primeurs, radis, fèves…

Elle a commencé à cultiver ses terres il y a trois ans et voit déjà une amélioration des rendements. Elle se dit surtout heureuse d'avoir mené son projet à bien, celui de nourrir des populations avec des produits biologiques, de produire sur une ferme à taille humaine avec un réel « respect de l'environnement et de ceux qu'on nourrit » et de partager ces valeurs avec les autres producteurs avec qui elle est associée.

Pour la revente, elle ne se rend pas directement sur les marchés, mais écoule 70 % de sa production via Les Paniers du Val-de-Loire, une Amap locale. Le reste est vendu en circuit court, via La Ruche qui dit oui, par exemple. Elle fixe elle-même les prix, qui ne sont pas négociés par ses interlocuteurs. Mais, comme bon nombre d'agriculteurs, et surtout en bio, elle se dégage un faible revenu, de 600 euros par mois. Il est encore trop tôt pour qu'elle vive de sa production. Mais elle assure qu'elle « vit bien » et ne regrette pas sa reconversion. Elle est heureuse de travailler sa terre et d'observer ses légumes sortir du sol.

Nous poursuivons notre parcours par la visite des jardins du réseau Cocagne. Cette association aide les personnes éloignées du marché de l'emploi à se réinsérer. Ainsi, sur une exploitation de 7 hectares, trente-cinq salariés encadrés sur le terrain par des professionnels du maraîchage apprennent à cultiver des légumes de saison, des poireaux, salades, oignons, etc., sans pesticides ni engrais chimiques de synthèse. De fait, les légumes sont intégralement cultivés en agriculture biologique.

Les serres des jardins de Cocagne sont vastes : elles s'étendent sur 9 000 mètres carrés, près d'un septième de la surface cultivée par l'association de Blois. En cette fin d'hiver, les tunnels de culture se révèlent particulièrement efficaces pour produire des légumes toute l'année. Il a beaucoup plu ces dernières semaines, les champs aux alentours sont à peine praticables, mais sous les serres, dont certaines sont chauffées, la végétation est luxuriante. Thierry Hanon, directeur du Jardin de Cocagne, se réjouit de ce choix.

L'homme nous montre les semis en préparation puis nous fait visiter le bâtiment de 150 mètres carrés où une dizaine de personnes en insertion professionnelle conditionnent les paniers de fruits et légumes biologiques qui seront bientôt expédiés pour être déposés dans différents points-relais dans le département. Le réseau vend également ses produits directement sur son exploitation, sur le marché bio en Vienne de Blois, mais également aux collectivités, aux restaurants de la région ou encore aux tables d'hôtes. Le gérant de ces jardins précise que, chaque année, l'exploitation permet de produire 150 tonnes de légumes. Autre source de satisfaction pour l'entreprise d'insertion, deux tiers des salariés, qui ont des contrats de vingt-quatre heures par semaine rémunérées au Smic, obtiennent des débouchés à l'issue de leur passage sur les jardins. Après une période de six mois en moyenne, ils décrochent un emploi ou intègrent une formation. Nous poursuivons la visite par les champs alentour. À la fin de la visite, le gérant des lieux nous remet un petit panier de légumes. Des poireaux, oignons, carottes… tout est issu de l'agriculture biologique. Les participants sont convaincus par la démarche vertueuse de ce réseau de producteurs qui ajoute une dimension sociale à l'exploitation en agriculture biologique et en circuit court.

Je profite de cette visite groupée des producteurs de la région blésoise pour questionner les participants sur leurs motivations à consommer autrement. Les membres du groupe se livrent facilement. Certains me confient être avant tout attirés par une volonté de mieux se nourrir et de savoir d'où proviennent leurs aliments. Ce besoin de transparence est exacerbé par les récents scandales alimentaires. D'autres privilégient les circuits courts pour favoriser les petits producteurs et avoir un contact direct avec ceux qui les nourrissent. Les enjeux environnementaux sont également mis en avant pour expliquer ces changements de comportement. Marie-Françoise, infirmière à la retraite, me confie qu'elle a changé ses habitudes depuis plusieurs années, elle évite les grandes surfaces au maximum, où « tout est trop grand ». Elle privilégie ainsi le marché les samedis, chez les producteurs locaux. Pour les œufs, elle se rend dans un village proche de chez elle où les poules sont élevées en plein air. « Et le prix est imbattable, je paie 1 euro pour six œufs bio. Pour les autres aliments que je ne trouve pas sur les marchés, je vais à la Biocoop à côté de chez moi. Concernant les produits d'entretien, j'en utilise très peu, seulement du vinaigre d'alcool et du savon de Marseille. Depuis quelques années, je fonctionne de la sorte. Les avantages de ce mode de consommation sont nombreux », me raconte la consommatrice convaincue. Elle évoque notamment un renouveau des relations humaines via la convivialité des marchés et l'échange avec les producteurs. Elle constate, en outre, que depuis qu'elle achète tous ses produits en circuit court, elle se procure uniquement ce dont elle a besoin et laisse de côté le superflu. Dans les grandes surfaces, elle était incitée à se rendre dans tous les rayons où elle était « toujours tentée d'acheter plus ». Bref, les constats de Marie-Françoise corroborent ceux que j'ai pu dresser jusqu'à présent. Mais je veux savoir ce qu'en pensent d'autres consommateurs qui ont décidé de revoir leurs habitudes et de se passer des supermarchés.

> LES CONSTATS DE LA SEMAINE :
>
> - La qualité des produits bon marché, mais aussi la dimension humaine participent au succès des Amap.
> - Les producteurs qui fournissent les Amap s'en réjouissent.
> - Les circuits courts réduisent le gaspillage.

# Semaine 10

## Rencontres avec les « sans-supermarché »

Pourquoi de plus en plus de consommateurs fuient-ils les supermarchés ? Avec le recul, tirent-ils les mêmes enseignements que moi ? Pour répondre à ces questions, je sollicite les consommateurs convaincus sur les réseaux sociaux et j'interroge les communautés sur les différentes plateformes de marchés en ligne que j'ai utilisées. Je questionne également les clients sur les marchés et les épiceries de producteurs. Les profils de ces consommateurs sont très variés. Les motivations aussi. Je rencontre des retraités, des étudiants, des citadins, des ruraux, de jeunes actifs, des mères et des pères de famille, des hommes d'affaires. Certains ont raccroché les chariots de longue date tandis que d'autres ne foulent plus les rayons des grandes surfaces depuis peu.

### Margot, 30 ans, journaliste, vit à Paris

Margot, Parisienne de 30 ans, a répondu à l'un de mes appels envoyés sur les réseaux sociaux. Elle m'explique qu'elle a « fait une transition progressive vers une autre consommation ». Aujourd'hui, elle se rend dans les supermarchés uniquement pour acheter quelques produits d'hygiène, du papier d'aluminium ou de cuisson. Elle a décidé de revoir son mode de consommation après une intolérance alimentaire puis une introspection qui l'ont conduite à tout remettre en cause. Elle a progressivement changé ses habitudes. Elle a d'abord supprimé tous les produits transformés de son alimentation. « Simplement pour des raisons de santé et tout en continuant à me rendre en supermarché. Puis je me suis intéressée au bio. Car, à force de lire les étiquettes de ce que j'achetais, j'ai commencé à avoir peur. J'ai donc fait la transition des légumes et des fruits vers le bio », souligne la jeune femme. Et « la colère des agriculteurs, l'évolution défavorable de la nature et la déconnexion des gens de leur milieu naturel » l'ont confortée dans son envie de ne plus se rendre dans les grandes surfaces. Elle a ensuite acheté tous ses biens en Biocoop et en magasins bio. « Mais c'est un vrai budget ! », souligne la consommatrice. Elle a alors décidé de se fournir auprès de ses commerçants de quartier. « J'ai retrouvé le chemin du boucher, du fromager, de la droguerie. Je suis devenue flexitarienne, c'est-à-dire que je ne consomme de la viande qu'une à deux fois par semaine, toujours dans la poursuite de mon cheminement de protection environnemental, et par éthique aussi. »

À force de s'intéresser à ce qu'elle consomme, Margot a pris conscience de la quantité de déchets produits et s'est progressivement tournée vers le mouvement « zéro déchet », qui consiste à jeter le moins de détritus possible. Désormais, elle achète ses produits d'épicerie secs (céréales, amandes, graines, muesli...) « en vrac » en magasin bio. Elle conçoit elle-même ses cosmétiques. « Aujourd'hui, c'est l'hyperconsommation et le mode de vie dit "classique" qui me choquent. Pourquoi acheter autant ? Je ne veux pas être extrême dans ma démarche (je refuse par exemple le retour des mouchoirs en tissu car je trouve ça peu hygiénique et ça contribue à la transmission des microbes), je n'embête personne lorsque je mange à l'extérieur ou lorsque je retourne quelques jours chez mes parents. Néanmoins, j'en parle, j'explique et je suis ravie de voir que de plus en plus de gens sont sensibles à ma démarche et prêts à changer leurs habitudes », confie la consommatrice engagée.

### Clément, 24 ans, étudiant, vit à Saint-Étienne

Autre témoignage récolté sut Twitter : celui de Clément, 24 ans, qui vit à Saint-Étienne. L'étudiant m'explique que depuis deux ans il tente de sortir progressivement du schéma de consommation classique, des réseaux de grande distribution, produits issus de l'agriculture conventionnelle... « Il s'agit non seulement de ne plus acheter au supermarché, mais aussi de faire attention à acheter local et bio. Je le précise, car il me semble qu'acheter sur un marché des produits qui viennent de toute l'Europe, voire des produits exotiques qui viendraient de plus loin encore, serait un non-sens », souligne l'universitaire. Il ne se rend plus du tout au supermarché

« malgré un budget très limité » et dit « se nourrir tout à fait correctement. Cela implique quelques changements d'habitudes. Par exemple, je mange plus régulièrement des pommes et des poires que des agrumes. Je suis scrupuleusement les saisons, et cuisine davantage car je n'achète plus de produits transformés. Mais mon alimentation n'en est pas moins équilibrée. Elle est même certainement plus saine », ajoute-t-il. Avec sa nouvelle organisation, Clément affirme qu'il a gagné du temps. Le système de l'Amap et des paniers tout préparés de fruits et légumes de saison permet, selon lui, « des courses rapides et bien moins contraignantes et stressantes que celles effectuées dans une grande surface. On retrouve un contact humain, on peut poser des questions sur les produits, discuter avec les producteurs. La consommation dite alternative devrait devenir la norme dans un futur proche. C'est du pur bon sens », estime le consommateur engagé.

**La « Green family », un couple et deux enfants, vit à Paris**

Mes appels à témoin sont relayés et les contributions arrivent sur tous les canaux, toujours avec enthousiasme. Ainsi, je poursuis ma rencontre de ces nouveaux consommateurs par un entretien avec la « Green family », comme ils se définissent.

La famille modèle est composée de Julien, 40 ans, et sa famille, dont deux enfants de 5 et 7 ans. Ils vivent à Paris.

Julien m'explique qu'ils ont décidé, « en famille », de se passer des grandes surfaces. (Je ne sais pas qui, des enfants de 5 et 7 ans ou des parents, a réussi à convaincre le reste du cercle familial !) Le père de la tribu souligne que plusieurs raisons les ont conduits à prendre ce nouveau virage. Ils ont décidé de s'engager dans une démarche « zéro déchet », une aventure qui les incite à ne plus mettre les pieds dans les hypermarchés, où règne le suremballage. « Le marché est notre lieu principal d'approvisionnement de fruits et légumes, poisson, viande… le tout est acheté en vrac ou dans nos contenants. Notre démarche "écofrugale" influence nos choix de produits et services. Nous sélectionnons ainsi des produits doués de qualités écologiques et économiques. Nous percevons notre porte-monnaie comme un moyen de sanctionner ou d'encourager les commerçants. Nos produits alimentaires sont choisis en fonction de leur provenance, des producteurs et de la manière dont ils sont cultivés. » La famille a ainsi opté pour la solution de l'Amap, ils sont abonnés à des paniers de fruits et légumes, de volailles et de viande. Ils ont réussi à trouver des producteurs bio, installés à moins de 50 kilomètres de chez eux. Ils ont eux aussi constaté que cette nouvelle façon de consommer leur revient moins cher, ils réalisent une économie de l'ordre de 100 euros par mois avec un budget mensuel autour de 500 euros pour des repas le soir et le week-end. « Nous apprécions de revenir aux fourneaux et de faire la cuisine, ce qui permet de contrôler ce que l'on mange ainsi que la quantité. Nous avions constaté une perte de poids liée en partie à ce nouveau mode de consommation », tient à préciser Julien.

**Olivier, 37 ans, musicien, vit en Vendée**

C'est au tour d'Olivier, un ami d'enfance, de me détailler son mode de vie. À 37 ans, ce musicien vit entre la Vendée et l'Isère. Il est souvent en déplacement, il ne peut pas se rendre régulièrement dans des petits commerces sélectionnés ou être adhérent d'une Amap. Qu'importe, il met tout en œuvre pour limiter au maximum ses passages dans les supermarchés. « La vie nomade n'est pas toujours compatible avec la consommation alternative. Je me tourne donc autant que possible vers les ventes directes dans les fermes. J'habite en Isère une partie de l'année, où ce système est bien développé, et le bouche-à-oreille fonctionne et permet d'échanger les bons plans. Il y a un réseau établi de ventes en circuit court, en direct ou via Internet. Dans cette région, c'est donc assez facile de vivre sans supermarché », souligne le compositeur. Il précise que, d'une région à une autre, les adresses de circuits courts ne sont pas développées de la même manière. Toutes les régions ne se valent pas. Ainsi, en Vendée, il y a peu d'alternatives aux supermarchés. « Je vis une partie de l'année en Vendée et le constat est plutôt négatif. La région est pourtant très agricole, mais les solutions de circuit court ne sont pas développées, les liens vers les sites Internet sont mal faits ou ils n'existent plus, les numéros de téléphone ne marchent plus. Et quand on achète en direct à la ferme du coin, les produits sont chers et peu abondants. C'est la déception ! », témoigne le musicien.

### Maeva, 33 ans, océanographe, vit à Saint-Vaast-la-Hougue

L'océanographe qui vit en Normandie, dans le nord du Cotentin, à Saint-Vaast-la-Hougue, m'explique que la lecture d'un livre l'a incitée à changer ses habitudes alimentaires. L'ouvrage *Faut-il manger les animaux ?*, de Jonathan Safran Foer, lui a fait « prendre conscience de l'importance de notre alimentation, et des dangers sanitaires à long terme de certains produits vendus en supermarché ». Un livre « édifiant », assure Maeva, où l'on apprend « tout sur le processus de conditionnement de la viande : depuis l'élevage, où les animaux sont nourris aux OGM et aux traitements aux hormones, jusqu'à la mise en barquette. Depuis, j'ai revu tout mon mode de consommation. Avec mon compagnon, nous ne voulions plus engraisser les industriels en achetant de la viande de supermarché. Nous habitons à la campagne, il n'a donc pas été très difficile de trouver une ferme bio pour se procurer de la viande. Nous y achetons une palette de 10 kilos à 110 euros tous les six mois environ, ce n'est pas plus cher qu'en grande surface. Petit à petit, nous nous sommes aperçus qu'il y avait toute une communauté d'agriculteurs bio dans la région, ce qui nous a permis de nous affranchir des légumes et des fruits de la grande distribution. Une fois par semaine, un panier de légumes bio nous est livré directement à la maison, des légumes produits juste à côté de chez nous ! Pour les fruits, et autres compléments (comme les œufs, les féculents…), je vais au magasin bio. Je continue d'aller au supermarché pour le reste : pour me procurer les produits d'hygiène et d'entretien, et quelques extras, bien sûr ! Mais je préfère favoriser et encourager les producteurs locaux. Je crois qu'il est encore difficile aujourd'hui de se passer totalement des grandes surfaces. Il faut d'abord avoir les circuits adéquats autour de chez soi, mais surtout réussir à revoir son mode de consommation ! J'ai changé mes habitudes étape par étape. Et aujourd'hui, je ne regrette pas de prendre le temps de faire mes courses », précise la jeune femme.

**Claire, 36 ans, chargée de clientèle, vit à Pézenas**

Claire, une autre amie d'enfance, me confie également que c'est un livre qui l'a incitée à revoir ses habitudes alimentaires. L'habitante de Pézenas précise que son mode de consommation change radicalement depuis peu. « La lecture d'un livre du professeur Henri Joyeux a été comme une révélation. Ce livre explique très simplement que, si nous donnons les bons aliments à notre corps, nous avons le maximum de chances de rester en excellente santé. Par ailleurs, il prône les aliments bio, de proximité. Il explique aussi que les mécanismes publicitaires des grandes surfaces nous sont néfastes. J'ai ainsi voulu changer pour donner à mon corps une alimentation saine et bio. Mais pas n'importe quel bio : un bio responsable, de proximité, avec le sigle AB. J'ai donc franchi la porte d'un magasin bio de ma ville, il y a quelques semaines. J'ai d'abord acheté simplement des fruits et légumes. Et puis, chaque fois que j'y retourne, je prends de plus en plus de choses ! Depuis peu, je me suis également mise aux produits ménagers naturels et je n'ai donc plus besoin là non plus de grande surface pour mes produits d'entretien. Je commence aussi à faire mes produits cosmétiques, je vais tester l'aloe vera et les huiles essentielles pour la peau, et j'aurai encore franchi une étape supplémentaire pour délaisser toujours un peu plus ma grande surface de prédilection ! » souligne la mère de trois enfants. Elle confesse continuer à se rendre dans les supermarchés de temps en temps, et notamment pour les sucreries des enfants, qui ont du mal à s'habituer aux produits bio. Là aussi, elle envisage de faire un maximum de gâteaux maison, mais « c'est aussi une question de temps ! », précise la femme active.

**Ludovic et Paola, 24 et 28 ans,**
**cadre et étudiante, vivent à Paris**

Mon compte Twitter s'affole ! Les témoignages des alter consommateurs sont nombreux, à l'image du couple que forment Ludovic et Paola.

Ludovic me contacte après avoir vu un appel relayé sur Twitter par Foodette, le site qui propose des paniers-recettes que j'avais testés quelques semaines plus tôt. Une solution qui a révolutionné la vie de ces jeunes Parisiens ! « Cela faisait quelque temps qu'on essayait de moins fréquenter les supermarchés en cherchant des solutions pour acheter nos produits directement auprès des producteurs. Nous étions en effet fatigués des supermarchés, des ingrédients parfois sans saveur, des achats venant de produits de l'autre bout du monde et de la routine de toujours faire les mêmes plats, et nous avons trouvé ! », se réjouit le jeune couple. Ils se sont d'abord tournés vers des solutions de livraison à domicile. Ils ont commandé des paniers contenant tous les ingrédients pour faire trois ou quatre recettes. « Nous avons privilégié ce type de formules car nous souhaitions à la fois varier nos recettes et diversifier notre savoir-faire culinaire, tout en mangeant des produits frais, de saison et de qualité, et nous sommes tombés sur le site Foodette, qui privilégie au maximum les circuits courts de producteurs basés à moins de 200 kilomètres de Paris. On a été définitivement conquis ! », affirme Ludovic. Une solution qui leur permet de cuisiner « des plats différents tous les jours et de bonne qualité. Ce qui n'était qu'un petit test au début s'est transformé en un véritable mode de vie ! », ajoute le Parisien. « Finies toutes les problématiques que nous avions : chaque jour, nous pouvons ainsi cuisiner un plat différent avec des ingrédients de saison issus directement des producteurs. Nous cuisinons tout en respectant la terre et l'humain, les petits producteurs sélectionnés par Foodette cultivent en agriculture raisonnée ou bio, et de saison. Nous avons été convertis aux circuits courts et aux plats de qualité. Impossible aujourd'hui de nous en passer. De manière générale, nous sommes intéressés par une consommation de proximité et de qualité, en souhaitant revenir à des circuits courts. Même pour les gels douches et shampoings, nous allons dans des boutiques indépendantes », souligne le jeune homme.

**Pierre-Henri, 62 ans, retraité, vit Lirac**

Les témoignages enthousiastes de ceux qui se passent des supermarchés se bousculent. Ainsi, Pierre-Henri, fraîchement retraité, m'explique en quoi son nouveau mode de vie a influencé sa façon de consommer.

Le jeune retraité a quitté la capitale pour partir vivre dans le sud de la France, à Lirac, dans le Gard, un bouleversement qui s'est accompagné d'une révolution alimentaire ! « J'habitais à Paris et n'avais pas vraiment le temps de cuisiner. Depuis que je suis venu vivre ici pour ma retraite, j'ai davantage de temps, et surtout plus de possibilités. Sur les marchés, les produits ne coûtent rien et leur goût est incomparable. Je me rends désormais toutes les semaines sur le marché à côté de chez moi où il n'y a que des producteurs et essentiellement des produits locaux. J'ai ainsi beaucoup revu mon alimentation. Je ne mange quasiment plus de laitages. Je consomme les aliments produits ici : de l'huile d'olive, des fruits et légumes de la région gorgés de soleil, et quelques bananes et oranges qui viennent d'Espagne (ce n'est pas très loin). J'ai retrouvé le goût de ces aliments. Je constate les bienfaits à tous les niveaux. Sur la santé aussi, je me sens en meilleure forme, j'ai aussi perdu un peu de poids. Je suis devenu un adepte des produits locaux ! », conclut l'ex-journaliste sportif qui a changé de mode de consommation un peu par hasard.

## Ariane, diététicienne, vit Paris

D'autres consommateurs en guerre contre les grandes surfaces me confirment également que consommer en circuit court est bénéfique pour la santé, à l'image d'Ariane, une diététicienne qui vit à Paris. La professionnelle rencontrée via Twitter me donne son avis sur les solutions que je teste et elle m'explique les bienfaits d'un mode de consommation alternatif.

Elle estime qu'« en se passant du supermarché on gagne sur la qualité et le prix ». Selon celle qui se définit comme « la diététicienne du plaisir de manger », les consommateurs doivent arbitrer entre trois critères : le temps, la qualité et le prix. « On ne peut pas gagner sur tous les tableaux ! Le supermarché permet de gagner du temps, mais quid des autres aspects ? Acheter en direct ou en circuit court, par exemple, prend davantage de temps, au moins au départ, pour trouver les bons fournisseurs, mais ce n'est pas forcément plus cher. On peut trouver des circuits courts avec un intermédiaire au maximum, avec des prix tout à fait accessibles pour des bons produits de saison. Par exemple, je vais chez Terroirs d'avenir[1]. » La Parisienne dit en outre qu'elle cherche « si possible à défendre par mes achats des gens qui travaillent honnêtement dans le respect des producteurs… Bien sûr, manger sans aller au supermarché, cela passe pour moi par le fait de cuisiner ».

**Veronica, 38 ans, nutritionniste, vit Dieppe**

Sur Facebook cette fois, une nutritionniste dieppoise répond à mon appel et m'explique tous les bienfaits de son nouveau mode de consommation. Veronica explique pourquoi il est préférable pour notre organisme de manger des produits locaux et de saison. « C'est mieux pour notre santé de manger local et de saison, en premier lieu car c'est le meilleur moyen de se procurer des aliments qui ne contiennent pas de conservateurs et moins de produits chimiques. C'est aussi pour retrouver les saveurs authentiques des aliments, et les vitamines et minéraux sont plus concentrés dans ces produits car la maturation se fait de façon naturelle et la récolte a lieu au dernier moment. C'est important

1. Terroirs d'avenir est un réseau de boutiques parisiennes de produits issus de l'agriculture paysanne et de la pêche artisanale.

de défendre les produits du terroir et c'est important de bien manger aussi avec ses enfants », affirme la nutritionniste.

Tous ces témoignages enthousiastes confortent mon envie de poursuivre mon expérience et de ne pas « craquer » en me rendant en grande surface. Quelles que soient les raisons qui ont poussé ces Français à revoir leur mode de consommation, ils sont tous satisfaits de leurs changements et ne voudraient pour rien au monde retourner à leurs anciennes habitudes tant les apports de ces nouveaux réflexes alimentaires leur sont bénéfiques.

Les constats de la semaine :

- Je partage les ressentis des consommateurs rencontrés qui ont décidé eux aussi de bouder les produits industriels et le système de grande distribution : l'importance de manger local et de saison pour apprécier des saveurs authentiques, des bénéfices sur la santé, réaliser des économies, moins gaspiller et prendre plus de temps pour effectuer ses achats.

## SEMAINE 11

# Adhésion à une épicerie coopérative

Je cherche encore et toujours de nouvelles solutions pour me procurer des produits de qualité sans me ruiner. À force de chercher, je tombe sur un article qui évoque l'existence de magasins coopératifs où les consommateurs se regroupent pour acheter mieux et moins cher. Je mène des recherches et réalise qu'une petite structure s'est montée à Champigny-sur-Marne.

Galvanisée par tous les témoignages de ceux qui ont banni les grandes surfaces de leur quotidien, je décide de franchir une nouvelle étape dans ma conversion à l'alterconsommation et d'adhérer à l'association Coopali, basée à Champigny-sur-Marne.

**Comment devenir coopérateur**

Je dégote une adresse e-mail sur le site, assez minimaliste, de l'association. J'envoie un message à l'adresse indiquée, sans être convaincue d'obtenir une réponse dans les plus brefs délais… Erreur de jugement ! Moins de vingt-quatre heures après l'envoi de ma missive électronique, je reçois une réponse de la petite association. Je suis chanceuse, car une distribution se tient deux jours plus tard. Fatima, une coopératrice et membre active de l'association, me propose de nous retrouver dans un bar de la petite ville, ex-fief de Georges Marchais, pour que j'assiste à une distribution. Le rendez-vous est pris à 19 heures. Après quelques détours, je finis par trouver le fameux bar où se retrouvent les consommateurs engagés, situé dans un quartier peu animé de la cité rouge. Problème : le café en question semble désert, seules quelques personnes discutent au comptoir, ce qui ne ressemble en rien à la réunion de coopérateurs que j'avais imaginée. Un peu perplexe, j'interroge l'homme qui tient l'établissement et lui demande s'il a des informations sur la réunion de ce soir. Il me rétorque que la réunion a été annulée. Déçue, je tourne les talons et m'apprête à rentrer chez moi… bredouille. Mais, avant que je ne franchisse le pas de la porte, le tavernier me retient. Il affiche un grand sourire et me lance que la réunion a bien lieu, mais se tient à l'extérieur du bar. Le serveur moqueur est fier de m'avoir joué un tour et d'avoir amusé les quelques clients accoudés au zinc. Il précise que le rassemblement se tient dans un local derrière son établissement, il faut contourner le bâtiment et marcher jusqu'au fond de la cour. Rassérénée, je remercie le barman et me dirige à l'endroit indiqué. Je pénètre dans le petit local où, cette fois, tout correspond à mes attentes. La boutique de la coopérative est délimitée par de grands placards où les étagères foisonnent de produits alléchants : des bouteilles de jus de pomme et de poire, du quinoa, des lentilles, des flocons d'avoine, des confitures, du chocolat, des gâteaux, du café... et d'autres produits d'épicerie. De grands sacs blancs en tissu remplis de riz, de farine ou de céréales sont entreposés en bas des étagères. Les emballages sont minimalistes, les produits sont tous estampillés bio et/ou équitables. Au milieu de la pièce de quarante mètres carrés tout au plus trône une longue table recouverte de plusieurs balances et de feuilles noircies de listes de produits et de références.

Près d'une vingtaine de personnes s'affairent autour des étagères pour choisir leurs articles, pendant que d'autres pèsent les marchandises sélectionnées. Les allées et venues sont incessantes et donnent le tournis à l'observatrice attentive que je suis. Certains se contentent de prendre quelques produits, d'inscrire quelques notes sur une feuille avant de saluer l'assemblée, tandis que d'autres discutent, s'amusent et s'échangent leurs astuces dans cette épicerie d'un nouveau genre... à l'ancienne ! L'activité est débordante dans ce qui a tout l'air d'une arrière-boutique, où il n'y a ni caisse enregistreuse ni aucun échange d'argent.

Dans ce joyeux brouhaha où tout le monde se connaît, ma présence est vite remarquée. Un homme vient à ma rencontre et me demande si je suis nouvelle. Je l'informe que j'ai communiqué avec Fatima, qui m'a donné rendez-vous ce soir. En entendant son nom, cette dernière se retourne et m'accueille chaleureusement. L'assemblée se réjouit de recevoir de nouveaux adhérents. Fatima m'indique que je ne suis pas la seule nouvelle à venir ce soir, ce qui semble un peu exceptionnel. Puis la consommatrice-actionnaire prend le temps de m'expliquer le fonctionnement de la petite structure. La première chose à savoir est que tous les adhérents sont également actionnaires de l'association. Ainsi, pour devenir coopérateur, il faut s'acquitter du droit d'entrée de vingt-cinq euros. Ce montant est payé une seule fois, quelle que soit la durée de l'adhésion à Coopali. Ce montant est ensuite remboursé en cas de départ de l'association. La militante m'apprend en outre que les coopérateurs de la structure sont à la fois vendeurs et clients. Ainsi, chaque membre choisit, commande les produits, bio et locaux, les range dans les étagères et participe à la distribution. En contrepartie, les adhérents sont les seuls à pouvoir se procurer les articles de qualité à moindre coût.

La « boutique » ouvre une fois tous les quinze jours. À chaque ouverture, un coopérateur référent est désigné. Ses tâches sont multiples : il prépare le rendez-vous, organise ou non une réunion avec les autres coopérateurs pour maintenir le bon fonctionnement de l'épicerie, répond aux e-mails, renseigne les nouveaux venus, tient la permanence et supervise la distribution des produits. Il peut aussi organiser une réunion avec les autres coopérateurs, pour décider d'ajouter de nouveaux produits à la vente, passer de nouvelles commandes pour les articles manquants, revoir l'organisation si besoin, et aussi maintenir les liens entre adhérents. Cette semaine, c'est donc Fatima la référente.

La distribution est simple, les adhérents se rendent dans le petit local prêté par la mairie et, comme dans n'importe quel autre magasin, ils font leurs emplettes, choisissent leurs articles, les pèsent si besoin. Mais, à l'inverse des boutiques classiques, les adhérents ne paient rien dans l'immédiat. Ils notent ce qu'ils ont pris et établissent eux-mêmes leur facture, sous le contrôle d'un autre adhérent. Ils repartent avec leurs articles et la feuille où tout est consigné. Puis ils règlent la facture de chez eux via leur porte-monnaie électronique. Tous les membres de la petite coopérative disposent en effet d'un compte personnel et d'une adresse e-mail dédiée pour communiquer avec les autres coopérateurs. Les consommateurs alimentent leur compte électronique qui sert à régler la note à chaque passage, il est impossible de faire crédit. Ainsi, le système entier repose sur la confiance : les adhérents pourraient tricher et minimiser leur note, mais ce n'est pas l'esprit de la coopérative. Un tel comportement nuirait au collectif et mettrait la boutique en péril. De plus, les adhérents de Coopali sont tous propriétaires d'une partie de la structure, donc voler la coopérative revient à se voler soi-même !

Cette organisation où personne n'est salarié et où l'épicerie est autogérée permet de proposer des produits de qualité à prix coûtant, sans marge, ce qui est interdit dans un commerce classique. Au final, les adhérents achètent des produits qui sont, en moyenne, 20 % moins chers que dans des magasins plus traditionnels. L'engagement et le temps passé sont compensés par des prix plus attractifs. L'épicerie coopérative rend accessibles des produits bio et locaux à ceux dont les revenus sont modestes.

Les adhérents soulignent en outre que le système leur permet de retrouver le contrôle de leur alimentation. Ils choisissent collectivement les produits qui se retrouvent sur les étagères. La plupart des produits sont bio et achetés directement auprès des producteurs. Tous répondent à une charte éthique partagée par tous les adhérents, axée sur l'achat en circuit court de produits de qualité répondant à des critères sociaux et environnementaux. Lors d'une précédente réunion, l'un des membres avait émis l'idée de proposer du chocolat à la vente. Une « dégustation » avait alors eu lieu avec les membres de l'association qui le souhaitaient et, à l'issue de ce rendez-vous culinaire, les coopérateurs présents avaient sélectionné collectivement leurs tablettes de chocolat préférées qu'ils pourraient ainsi régulièrement consommer.

En termes de logistique, les adhérents jouent là encore la carte de la collectivité. Ils s'organisent entre eux pour acheminer les biens. Par exemple, l'un des membres qui se rend régulièrement en Normandie en profite pour récupérer les bouteilles de jus de pomme ou rapporter les bouteilles consignées. Sinon, ils commandent en grande quantité pour éviter de faire venir les producteurs à maintes reprises. Dans ce petit magasin, on trouve aussi des produits qui ne viennent pas de France. Pour ces denrées plus lointaines, la coopérative s'est rapprochée de Terra Libra, un grossiste qui importe des aliments produits dans des conditions respectueuses à la fois de l'environnement et des cultivateurs. « Nous voulons que les producteurs à qui nous achetons nos produits travaillent dans le respect de la condition humaine, qu'il y ait une juste rémunération des producteurs et de leurs salariés », indique Fatima. Et c'est là tout l'intérêt du système. Les consommateurs sélectionnent et achètent ensemble et groupés afin de pouvoir payer moins cher des produits de qualité.

En contrepartie, chacun doit prendre part au fonctionnement du système. L'épicerie autogérée est fondée sur le bénévolat. En théorie, tous les membres de l'association s'investissent pour consommer autrement et donnent un peu de leur temps. Mais, en pratique, ce sont souvent les mêmes qui tiennent les permanences, souligne Fatima. Elle fait partie de ceux qui font tourner la boutique ! Mais elle m'assure que ça ne lui pose pas de problèmes, car elle a du temps et un système de compensation est prévu. Ceux qui consacrent moins de temps à la coopérative compensent en investissant davantage. Là encore, tout est basé sur le volontariat. De fait, tous les mois, les adhérents de Coopali sont invités à donner de 5 à 15 euros par mois, en fonction des moyens de chacun, une somme qui s'ajoute à la facture payée pour les courses. Cette cagnotte sert à acheter ou à entretenir le matériel, à régler les frais de déplacement des producteurs, à entretenir le local. Les membres qui passent moins de temps à superviser les distributions, gérer les stocks, trouver de nouveaux producteurs… sont donc incités à donner davantage.

Fatima m'explique que Coopali compte aujourd'hui une cinquantaine de foyers. L'association communique très peu et le site Internet est volontairement minimaliste, car l'objectif est de ne pas attirer trop de nouveaux adhérents, au risque sinon de devenir trop gros et de devoir repenser toute l'organisation.

Je décide de me procurer quelques produits, des céréales pour le petit déjeuner – bio, cela va sans dire ! – et d'autres denrées de longue conservation, du riz, des pâtes, des légumes secs, des jus de pomme et de poire, des biscuits et quelques plaquettes du fameux chocolat scrupuleusement sélectionnées par les Champignois. Comme les autres coopérateurs, je pèse et j'emballe le riz, les céréales et les pâtes et note les aliments et leur référence, que j'emporte. Je discute avec une autre fondatrice de la structure, Mikhal, qui m'explique succinctement la genèse du projet. Le noyau dur des membres fondateurs de la coopérative fréquentait la même Amap. Ces fidèles de l'alimentation locale se retrouvaient régulièrement via l'association lors de la préparation des paniers ou de leur récupération. Satisfaits de ce système d'approvisionnement de produits frais, ils étaient malgré tout en quête d'une solution pour se procurer des produits d'épicerie choisis sur des critères éthiques tout en privilégiant le local. Collectivement, ils ont ainsi décidé de créer Coopali. Et la structure a fait des petits ! D'autres coopératives basées sur le même modèle émergent à proximité de Champigny. Ainsi, l'initiatrice de la structure m'informe qu'à Saint-Maur, à deux pas de chez moi, une coopérative est sur le point d'être montée. J'embarque mes quelques victuailles et retourne dans mes pénates. Une fois chez moi, j'apprivoise le logiciel et crée mon portefeuille électronique. Puis je déduis de ma petite cagnotte les quelques aliments fraîchement achetés. La note n'est pas élevée, je dépense 23 euros pour tout ce que j'ai emporté.

Cette épicerie coopérative n'est pas la seule en France. Les premiers Groupements d'achat service épicerie (GASE) ont été créés en Bretagne. La pionnière s'est ouverte à Rochefort-en-Terre, dans le Morbihan, en 2008. L'épicerie compte aujourd'hui près de quarante familles. Fatima souligne d'ailleurs que leurs collègues bretons leur ont fourni la solution de paiement électronique désormais utilisée par les membres de Coopali.

Le succès de ces épiceries coopératives a ensuite essaimé partout en France, puisqu'on compte désormais des dizaines de magasins avec un fonctionnement similaire, basés principalement dans l'Ouest, mais aussi en Provence, en Auvergne-Rhône-Alpes, en Bourgogne, en Occitanie et en région parisienne.

## Le boom de ces supermarchés partout en France

Je décide de m'intéresser à ces nouveaux magasins et me rend rapidement compte que de plus en plus de « supermarchés coopératifs » sont créés partout en France.

Comme la coopérative de Champigny, dans ces « supermarchés » participatifs, les clients ne sont pas des clients classiques, mais des adhérents, actionnaires de la structure. Ils s'engagent tous à virer une petite somme pour devenir membres de la boutique. Il faut aussi donner de son temps, trois heures par mois en moyenne, car les épiceries sont autogérées. Comme à Champigny-sur-Marne, les adhérents expliquent le fonctionnement aux nouveaux et mettent les produits en rayon. Dans ces magasins de plus grande taille, les adhérents peuvent aussi être amenés à tenir la caisse et effectuer toutes les tâches d'une épicerie classique. En devenant coopérateurs, les membres s'engagent également à effectuer toutes les activités inhérentes au bon fonctionnement du supermarché. Les profils des coopérateurs sont variés, mais tout le monde est sur le même pied d'égalité.

En échange, les coopérateurs détiennent une part du magasin et sont les seuls à pouvoir acheter les produits. En outre, les coopérateurs choisissent collectivement les produits vendus. Ils privilégient ainsi les biens de qualité, les produits bio, les petits producteurs ou les produits locaux. Et surtout, les biens sont moins chers que dans un magasin classique, de 20 % à 40 %, confie Michael, cofondateur de DionyCoop, un supermarché coopératif basé à Saint-Denis, en région parisienne. Et tout s'explique : les coûts fixes, tout comme les marges, sont réduits.

La plus grande structure a ouvert ses portes en 2016 dans la capitale. Seulement quelques mois après son lancement, La Louve comptait plus de 5 000 adhérents… un franc succès. Le magasin qui s'étend sur 1 500 mètres carrés appartient à ses coopérateurs qui s'engagent à consacrer trois heures de leur temps par mois à la bonne marche du supermarché. Ils effectuent collectivement toutes les tâches classiques inhérentes au maintien d'un magasin : l'entretien, la mise en rayon, tenir la caisse, l'emballage de certains aliments… Chacun se rend utile en fonction de ses compétences. Un coopérateur qui a des connaissances en gestion aide à tenir la comptabilité de la structure, un responsable d'équipe établit les plannings des coopérateurs. Cela dit, un juriste peut aussi être derrière la caisse, si cela répond aux besoins. Les coopérateurs gèrent également les stocks et effectuent la sélection des produits mis en rayon. Ainsi, la nourriture bio ou issue de l'agriculture raisonnée occupe une bonne place dans les rayons, mais les membres de La Louve ont aussi fait le choix de commercialiser quelques produits plus classiques sélectionnés issus de la grande distribution. L'objectif de ces magasins est en effet d'offrir des produits de qualité à des prix abordables pour tous.

Autre exemple : à Nantes, l'épicerie Scopéli comptait plusieurs milliers de coopérateurs avant même d'avoir ouvert ses portes. Comme dans la plupart des autres supermarchés coopératifs, les adhérents doivent consacrer trois heures de leur temps tous les mois et verser 50 euros pour obtenir des parts qu'ils récupéreront s'ils souhaitent se désengager. L'objectif est de fixer des prix de 20 % à 30 %

moins élevés que dans des magasins plus classiques et de privilégier les producteurs locaux et bio autant que possible. Les producteurs veulent proposer un choix complet de biens alimentaires, mais également des produits d'entretien, des cosmétiques, ainsi que des graines bio.

À Bordeaux, l'épicerie coopérative Supercoop a d'abord fonctionné via un projet intermédiaire. Comme sur plusieurs autres sites, la structure a été lancée dans un premier temps avec une épicerie de plus petite taille. L'idée est de fédérer le plus de coopérateurs possible car un magasin ne peut pas fonctionner avec moins d'un millier d'adhérents. À Bordeaux comme ailleurs, les adhérents doivent verser une centaine d'euros pour acquérir des parts du magasin et ainsi avoir le droit de fouler les rayons de ces épiceries. Les membres doivent également s'impliquer quelques heures par mois pour tenir le magasin et diminuer les coûts fixes.

D'autres magasins ne cessent de se monter partout en France, La Chouette Coop à Toulouse, Superquinquin à Lille, Otsokop à Bayonne, Coop La Meute à Grasse, La Cagette à Montpellier, Breizh'i Potes à Rennes, Demain à Lyon…

Aussi surprenant que cela puisse paraître, tous ces projets sont inspirés d'un modèle américain. La plus ancienne coopérative a en effet été créée en 1973 à Park Slope, dans Brooklyn, arrondissement de New York. Park Slope Food Coop est le premier supermarché coopératif. Il a connu un succès retentissant et compte aujourd'hui dix-sept mille adhérents.

Chaque membre consacre deux heures quarante-cinq de travail par mois au fonctionnement de la structure. En échange, il bénéficie de produits alimentaires de qualité exceptionnelle à des prix très bas. Le magasin est très diversifié, on y trouve aussi bien des produits ménagers que des aliments, la plupart du temps respectueux de l'environnement. Le magasin se fournit auprès des petits producteurs locaux. L'organisation à but non lucratif est très classique : les bénéfices sont réinvestis en intégralité dans le supermarché. Comme le magasin marche très bien, il réalise d'importants bénéfices qui sont donc réinvestis régulièrement, au point que les coopérateurs ne savent plus quoi faire de tout cet argent ! Ils ont acheté des réfrigérateurs dernier cri, qui consomment très peu d'énergie. Ils pensent à baisser les prix des produits et réalisent des investissements dans d'autres projets similaires. Ils ont ainsi créé un fond qui vient en aide aux petites coopératives américaines basées sur leur modèle. Le documentaire *Food Coop*[1], qui relate le quotidien des coopérateurs, a été une véritable source d'inspiration pour de nombreuses épiceries coopératives en France.

Ma petite expérience au sein de la coopérative m'a permis de rencontrer des personnes très impliquées

1. Le documentaire *Food Coop* est sorti le 2 novembre 2016 en France. Le film franco-américain réalisé par Tom Boothe retrace l'expérience de la Food Coop à Park Slope ouverte en 1973.

et pleines d'enthousiasme, j'ai ainsi réalisé que partout en France et dans le monde de plus en plus de consommateurs recherchent des modes de consommation alternatifs. Toutefois, bien que les solutions soient nombreuses, certains produits demeurent introuvables hors des supermarchés.

LES CONSTATS DE LA SEMAINE :

- L'épicerie coopérative est une solution économique où l'on choisit la provenance des aliments.
- Il faut y consacrer du temps et un petit capital de départ.
- Originaires des États-Unis, de tels magasins s'ouvrent partout en France.

## Semaine 12

# L'insoluble problème des papiers

### Aucune solution trouvée

Après douze semaines d'expérience, certains produits me font cruellement défaut. En dépit de mes recherches en tous lieux, je n'ai pas réussi à trouver de papier toilette, aluminium ou de cuisson ni de cotons pour le visage ou de cotons-tige. Je sollicite là encore l'aide des internautes pour leur demander s'ils savent comment acheter ces produits jetables hors des supermarchés. Les réponses pleuvent !

Plusieurs adeptes du mouvement « zéro déchet » m'abreuvent de bonnes idées. Ainsi, pour le papier de cuisson, la solution est très simple : il suffit de bien beurrer les plats et d'y ajouter un peu de farine pour cuire tartes et autres sablés. Quant au papier aluminium, il n'est pas indispensable. Pour conserver des aliments, mieux vaut s'équiper de boîtes hermétiques dotées de couvercles.

Dans la salle de bain, je peux là aussi facilement trouver des solutions durables. Je peux très bien remplacer le coton à démaquiller. La solution est très simple, puisque sur Internet plusieurs sites vendent de petites lingettes lavables à réutiliser au quotidien. Pour ce qui est du coton-tige, c'est une internaute qui me donne l'astuce et me conseille d'utiliser un oriculi ! Il s'agit d'un cure-oreille écologique en bois pour lequel le Web regorge de marques toutes plus efficaces les unes que les autres. Je passe commande de ces deux produits pour 14 euros sur le site de Lamazuna, dont j'avais rencontré les fondateurs de la marque sur le Salon du Vivre autrement. Je suis livrée deux jours après. Les lingettes sont agréables à utiliser et l'oriculi ne bouscule en rien mes habitudes, si ce n'est que je produis beaucoup moins de déchets. Ces deux petits gestes simplissimes sont un moyen efficace et encourageant de réduire la quantité de produits jetés dans ma salle de bain. Sur Twitter, je partage mon enthousiasme et suis en retour incitée par les adeptes du mouvement zéro déchet à poursuivre sur ma lancée.

Partout en France, des familles entières ont décidé de relever le défi de diminuer, voire anéantir, leur production de détritus et de chambouler leur mode de vie pour atteindre cet objectif. Ces familles relatent leurs aventures, leur conversion progressive à une vie plus sobre, sur des blogs et les réseaux sociaux. Je me perds un peu dans les méandres de ces multiples sites dédiés au zéro déchet. Mais ces lectures me font prendre conscience de l'enjeu d'une meilleure gestion de nos ressources et de nos ordures accumulées au quotidien. L'un des sites consultés m'apprend que chaque Français produit une moyenne de 511 kilos de déchets par an, un chiffre bien plus élevé que les autres pays européens. Il est possible de faire différemment, d'acheter moins de produits, de consommer des biens plus durables et, in fine, de moins jeter. Ces familles me l'apprennent. D'autant que la tendance du zéro déchet a permis de contourner facilement les produits tout jetables vendus en grandes surfaces. Les partisans d'une moindre production de détritus ont fait éclore des solutions clé en main pour ceux qui souhaitent consommer différemment, de manière plus durable. Ils racontent leur satisfaction à mieux consommer et à adopter un mode de vie plus mesuré. Un enthousiasme contagieux !

Après ces lectures et la grande satisfaction procurée par la réduction, voire la quasi-disparition, de ma poubelle de salle de bain, je mets quelques conseils en application. Je fais un peu le ménage dans mes placards et me sépare de tous les produits que je n'utilise pas, un moyen de voir plus clair dans ce que je possède et de ne pas acheter des produits en double. Puis j'amplifie le tri de mes déchets et décide de m'équiper d'un composteur. Un moyen de limiter grandement mes ordures ménagères et de produire, à terme, de l'engrais pour les plantes. Je me souviens alors que la mairie de ma petite ville a récemment informé ses administrés de la mise à disposition de composteurs. Je l'avais noté dans un coin de ma tête, mais je procrastinais sans cesse ! Cette fois, les partisans du « zéro waste » m'encouragent à passer à l'acte. Je contacte la mairie qui se fait un plaisir de me fournir le contenant qui recueillera tous mes déchets organiques. Je l'installe à l'entrée de chez moi et incite mes voisins à se joindre au mouvement. Cette solution accommodante me permet de moins jeter… mais tout cela ne règle pas mon problème de papier toilette !

Je ne sais pas comment en trouver hors des supermarchés. Mais les utilisateurs de Twitter sont pleins de ressources ! Un internaute me suggère ainsi d'utiliser en guise de papier toilette… des journaux ! Un autre propose que je me mette à la couture pour me confectionner des lingettes en tissu réutilisables… voilà qui me fait sourire sans pour autant régler mon problème. Plus sérieusement, une société me propose sa solution de serviettes hygiéniques et tissus employables plusieurs fois. Je réfléchis quelques secondes mais je ne suis pas prête à franchir ce pas. Quant à mon compagnon… je ne lui pose même pas la question ! Au détour de mes recherches, je déniche un site Internet qui vend du papier toilette en gros, mais il ne livre pas les particuliers, même si je suis prête à faire des stocks ! Je dois donc me rendre à l'évidence : impossible de se procurer du papier toilette hors des supérettes, grandes surfaces et autres magasins de grande distribution. Après avoir envisagé toutes les solutions, je me résous donc à faire une entorse à mon règlement et je me rends dans un supermarché pour y acheter uniquement quelques rouleaux de papier toilette. Pour atténuer mon échec, je choisis une enseigne de produits bio et m'y procure du papier recyclé et rien d'autre.

Ce bref passage dans un supermarché me rappelle combien ces grands magasins sont pratiques : tous les produits du quotidien sont à portée de main. Inutile de réfléchir à ce que l'on achète et consomme. Encore la confirmation de la nécessité d'une organisation bien rodée pour vivre uniquement avec les circuits courts.

Mais, après ce bref moment de découragement, tous les atouts de mon nouveau mode de consommation me reviennent à l'esprit. Je me persuade ainsi que ce léger revers ne doit pas remettre en question la suite de l'expérience. D'autant que je reçois un message de l'un des producteurs rencontrés au cours de l'expérience. L'éleveur basé dans le plateau d'Aubrac m'informe qu'il est de retour à Paris.

## Retrouvailles avec un producteur

Lors de la troisième semaine de l'expérience, j'avais discuté avec des petits producteurs venus spécialement à Paris pour proposer leurs produits du terroir aux citadins. J'avais notamment rencontré Daniel, alias Bernie, éleveur de vaches allaitantes et célèbre cuisinier d'un aligot à l'ancienne concocté dans les règles de l'art. Casquette vissée sur la tête et accent qui chante le plateau de l'Aubrac, le fermier m'avait vanté les qualités de sa tomme, et surtout de son aligot.

L'agriculteur m'avait aussi fait part de son plaisir à venir dans la capitale pour faire des démonstrations de sa préparation de l'aligot. Je m'étais laissée convaincre par le paysan passionné et avais acheté

500 grammes de la purée typique de l'Aveyron, que nous avions dégustée avec deux amis. Nous nous étions régalés. Le bon vivant m'avait invitée à venir assister à la préparation de son aligot lors d'un de ses prochains passages parisiens. Depuis, grâce aux réseaux sociaux, il me tient systématiquement informée de ses venues à Paris ou en Île-de-France ainsi que des grandes manifestations qui se tiennent dans sa région. Je peux ainsi suivre les actualités de cet éleveur, fromager et producteur de l'authentique aligot du Massif central, qui poste des photos de ses magnifiques vaches marron aux grandes cornes pâturant majestueusement sur le plateau de l'Aubrac. Je suis heureuse de suivre à distance son quotidien. Je ne m'attendais pas à pouvoir créer une telle proximité avec les exploitants.

Toujours par ce biais, Bernie m'informe qu'il retourne tenir un stand sur un marché de producteurs qui se tient près de chez moi. Il relance son invitation et me recommande de venir sur le marché assez tôt le matin si je veux assister à la confection de l'aligot. Le rendez-vous est pris.

Je me rends donc sur ce marché de producteurs dès le matin. Une quarantaine d'agriculteurs y participent, je retrouve le vendeur d'olives, le berger, et surtout Bernie. Toujours vêtu de son béret traditionnel, l'éleveur m'accueille chaleureusement. Il m'a attendue pour engager une nouvelle production d'aligot. La vaste marmite encore fumante est remplie de pommes de terre cuites et épluchées, elles sont cultivées par des fermiers voisins de Bernie. Le producteur commence à mouliner les patates pour les réduire en purée, il me montre avec fierté un outil qu'il a confectionné lui-même pour lui faciliter cette tâche. Il a ajouté un petit moteur au moulin à légumes pour le faire tourner mécaniquement et ainsi mixer les pommes de terre de manière automatique. Pendant que les pommes de terre sont transformées en purée, Bernie ajoute plusieurs gousses d'ail puis de la crème fraîche d'Aubrac, du beurre, et enfin de la tomme fraîche fabriquée sur sa ferme. Là, le mélange peut commencer. Bernie se saisit d'une longue spatule et commence sa lente et méticuleuse préparation. Il plonge sa cuillère en bois dans le vaste chaudron placé sur un réchaud à gaz. Le paysan, appliqué, m'explique qu'il doit étirer au maximum le mélange pour lui donner sa texture si particulière. Il tourne sa spatule dans la marmite, y prélève une partie de la préparation et l'élève le plus haut possible, en faisant de petits mouvements de droite à gauche avant de la laisser retomber. Ces gestes précis sont exécutés afin d'éviter la formation de grumeaux… Tout un art ! Puis il répète ces mouvements jusqu'à obtenir une texture lisse et uniforme.

Tout en s'affairant à la préparation de son plat, il m'explique que son savoir-faire a été transmis à travers les générations. Après ses parents et ses grands-parents, il perpétue la tradition. Pour obtenir l'authentique aligot, il utilise des produits de sa région, des pommes de terre fraîches qu'il choisit, épluche et fait cuire dans les règles de l'art, alors que « certains industriels, restaurateurs et vendeurs sur les marchés utilisent de la purée en flocons. Une tendance qu'il ne comprend pas, d'autant que, selon lui, le goût et la qualité de la mythique purée sont ainsi grandement altérés. « L'aligot est une recette de terroir emblématique de l'Aubrac, entre Aveyron, Cantal et Lozère, et si on trompe le consommateur, on risque de le détourner de l'aligot », déplore le producteur. De nombreux badauds observent le paysan à l'œuvre derrière sa grande marmite. Les Parisiens sont friands des produits du terroir, ils sont nombreux ce matin sur le petit marché. Venus pour beaucoup avec leurs enfants, ils font toujours preuve d'une grande curiosité, ils interrogent les producteurs sur l'origine des produits et sur leurs méthodes de production. Les fermiers ne savent plus où donner de la tête ! J'observe ce petit manège et comprends les interrogations de ces consommateurs. Il y a encore quelques semaines, j'étais moi aussi novice et posais des questions similaires sur ce même marché ! Je me remémore alors tout le chemin parcouru depuis le début de l'expérience et me réjouis de ma conversion à une alimentation plus vertueuse.

Je sais désormais que je ne retournerai plus jamais à un mode de consommation fait de supermarchés et de plats industriels, j'en connais trop sur les conséquences d'une alimentation plus saine, durable et locale. S'alimenter via les circuits courts est un moyen de privilégier les producteurs qui respectent des méthodes de production bio ou raisonnées, de les aider à vivre décemment de leur métier, mais aussi de mieux manger et prendre soin de la santé de mon foyer avec des produits de qualité, sans pour autant dépenser plus. Après ce bref moment de contentement personnel, je reprends mes emplettes. En plus du kilo d'aligot, j'achète quelques poires, des pommes, plusieurs fromages, des tomates séchées, des olives, du jambon et un petit rôti de race limousine pour une note totale de 42 euros.

Avant de quitter le marché, je relaie les inquiétudes de Bernie et relate cette rencontre enrichissante sur Twitter. Les utilisateurs du réseau social partagent mon enthousiasme et continuent de soutenir ma démarche.

## Soutien des amis, familles, collègues, lecteurs

Le soutien sans faille d'inconnus sur les réseaux sociaux me surprend autant qu'il m'encourage à poursuivre l'expérience. J'ai le sentiment de porter une communauté qui consomme et vit hors des systèmes agroalimentaires. Chaque publication d'articles fait l'objet de nombreux commentaires – pas toujours bienveillants, mais mes soutiens anonymes montent au front pour me réconforter. Ils sont même plus enclins à défendre la démarche que je ne pourrais le faire moi-même !

Les Français sont de plus en plus nombreux à vouloir mieux manger et à plébisciter des systèmes de consommation plus vertueux. Ils sont également conscients qu'il est nécessaire de mieux rémunérer les agriculteurs. Un entrepreneur en a d'ailleurs fait sa marque de fabrique avec un slogan limpide, « C'est qui, le patron ?! », apposé sur des briques de lait équitable. Le concept du produit est simple : le cahier des charges a été au préalable déterminé intégralement par les consommateurs via Internet. Ces derniers ont par ce biais exigé une alimentation saine et de qualité pour les vaches françaises qui pâturent au moins six mois dans l'année, ainsi que de quoi vivre dignement pour les producteurs. Respectant ces critères, la brique de lait est vendue 99 centimes d'euro dans le commerce, un prix d'environ 5 centimes de plus que la moyenne nationale. La répartition de la valeur est bien plus favorable aux producteurs qui empochent de 39 centimes (minimum) à 41 centimes (primes à la qualité incluses) par litre de lait vendu, soit de 4 à 6 centimes de plus que le coût de revient du lait, et autour de 9 à 13 centimes de plus que via les circuits classiques. La marque a littéralement conquis le cœur des Français, puisque les objectifs annuels ont été atteints en seulement quatre mois avec 5 millions de briques écoulées, une des meilleures progressions de vente dans la grande distribution. Les premières grandes surfaces à avoir commercialisé le produit ont rapidement été confrontées à des ruptures de stocks et les enseignes se sont toutes alignées pour proposer ce produit cher aux Français. Les raisons du succès tiennent à l'essence même de ce projet. « Ce produit remet le consommateur au cœur du système en lui donnant un pouvoir décisionnel et l'accès à un maximum d'informations », estime son créateur, Nicolas Chabanne. L'objectif est aussi d'assurer une recette décente à l'éleveur, un argument de poids auprès des consommateurs. Malgré tout, si l'engouement des consommateurs pour ce système prouve que les Français dans leur grande majorité sont prêts à dépenser un peu plus pour aider les agriculteurs, un bémol dans la démarche de « C'est qui le patron ?! » persiste. Comme tous les produits vendus via la grande distribution, impossible de connaître les marges des distributeurs. La brique est vendue 99 centimes, 39 centimes reviennent aux producteurs et Nicolas Chabanne indique que 5 à 6 centimes par bouteille reviennent à la « Marque du consommateur » montée en Société coopérative et participative (SCOP). Mais le reste de la valeur, de 54 à 55 centimes payés par le consommateur, sont répartis entre le collecteur et les distributeurs dont les marges respectives demeurent pourtant « confidentielles ». Le créateur de la marque souhaitait offrir une transparence totale aux consommateurs sur le prix de son lait… c'est raté !

L'initiative, dont le succès a surpris tout le monde, témoigne toutefois d'un changement de mentalité. Les Français sont prêts, massivement, à délaisser les prix bas et à payer un peu plus pour mieux rémunérer les producteurs. Un changement de mœurs qui explique aussi l'engouement que mon expérience a suscité, bien au-delà de ce que j'attendais. De fait, chacun des articles publiés est très lu, commenté, partagé et les réactions sur Twitter sont nombreuses. Les Français se sentent concernés et attendent les conclusions de l'expérience. Des médias s'intéressent à la démarche, puisque plusieurs radios et chaînes de télé mentionnent l'expérience. De même, au sein de ma rédaction, plusieurs journalistes m'interpellent pour évoquer mon défi et m'encourager. Au sein de mon entourage également, les soutiens sont sans faille, à commencer par mon compagnon, qui partage l'expérience avec moi. Mes parents suivent également mes aventures avec intérêt et mes cousins, qui sont pour certains déjà dans ce type de démarche, me conseillent et fourmillent de bons conseils bienveillants. Cet enthousiasme collectif m'incite à poursuivre et trouver de nouvelles solutions de circuits courts !

LES CONSTATS DE LA SEMAINE :

- Avec quelques astuces, il est facile de se passer de certains produits jetables et de réduire ses déchets.
- Impossible de trouver du papier toilette sans se rendre dans un supermarché.
- En circuit court, pas de place pour l'imprévu.
- La chaleur humaine des défenseurs du bon goût est contagieuse !

## Semaine 13

## Le « supermarché » géré par des agriculteurs dans l'Est

Cette semaine, direction l'est de la France. J'ai entendu parler d'une initiative intéressante à Colmar, dans le Haut-Rhin. Alors que la ville est assiégée par un vaste réseau de grande surface – la cité alsacienne compte pas moins de vingt supermarchés pour soixante-dix mille habitants ! –, des paysans ont décidé de faire changer les habitudes. Entre deux supermarchés qui se livrent une guerre des prix sans merci, trente-cinq agriculteurs ont ouvert un magasin d'un genre un peu particulier.

Denis Digel, le maraîcher à l'initiative du projet, m'explique qu'il réfléchit à une solution alternative à la grande distribution depuis plusieurs années. « Je pratique la vente au détail depuis longtemps et j'en avais assez de livrer mes produits à la grande distribution. » Il met notamment en cause la pression perpétuelle sur les prix et les services exercée par les supermarchés, « d'autant que la situation ne cesse de se détériorer », confie l'agriculteur. Avec trente-quatre autres paysans, ils se sont regroupés et ils ont collectivement racheté une grande surface, anciennement du groupe Lidl, « pour livrer le consommateur directement ». Ensemble, ces paysans ont financé des travaux de transformation en une vaste épicerie paysanne. Dans ce magasin rebaptisé Cœur paysan, les agriculteurs partenaires vendent leurs produits directement aux consommateurs et tiennent des permanences régulières. Le concept a séduit, puisque, dès la première année, les agriculteurs sont parvenus à atteindre leurs objectifs et à réaliser leurs premiers bénéfices. Le pari était pourtant risqué, affirme Denis Digel.

« Nous avons ensemble investi 1,5 million d'euros, aucun des agriculteurs ici n'a jamais fait de prêt de ce montant, en nous regroupant le risque était moindre, mais il fallait se lancer. Ainsi, un projet qui aurait été insurmontable individuellement s'est collectivement accompli, c'est ça qui est fantastique », se réjouit le maraîcher, mains burinées par le travail de la terre et casquette brune siglée aux couleurs de Cœur paysan vissée sur la tête.

Une des clés du succès repose sur la personnification de l'alimentation, argument de poids auprès des clients. « Notre projet est une histoire d'hommes avant tout, c'est une des raisons pour lesquelles on a voulu mettre en avant les producteurs », souligne Denis Digel. Ainsi, dans l'antre de Cœur paysan, tout est différent de l'organisation froide et aseptisée des grandes surfaces traditionnelles. Les producteurs sont omniprésents ! Des photos des paysans sont en effet plaquées dans tout le magasin. Dès l'entrée, une grande pancarte avec les noms, images et descriptifs de tous les fermiers partenaires accueille les clients. Au-dessus des produits trônent des photos des producteurs et de leurs fermes avec des explications sur leurs méthodes de production.

Les fermiers sont également physiquement présents dans le magasin. Ce sont eux qui livrent directement le magasin et ils se sont engagés à tenir régulièrement des permanences. Ainsi, au détour de ses achats, l'on peut croiser des producteurs qui achalandent leur rayon. Ils sont reconnaissables à leur tenue aux couleurs de l'enseigne Cœur paysan. Par exemple, côté fruits et légumes, la productrice de pommes remplit des caisses en bois de ses fruits, qui ne sont pas tous calibrés de la même façon. Elle est interrompue par des clients qui lui demandent conseil et veulent savoir quelles sont les pommes les plus sucrées, celles qui sont le plus adaptées à la compote ou encore à la réalisation d'une tarte tatin. La paysanne connaît ses produits par cœur et se fait fort de renseigner méticuleusement chaque client, toujours avec le sourire. À l'autre bout du magasin, le boulanger paysan répond également aux questions des clients sur la cuisson de son pain, dans un four à pain, avec les méthodes d'antan et des farines complètes ou d'épeautre en fonction des pains choisis. Quant au berger, il explique à un client qu'il exploite une petite bergerie de quarante chèvres située à Linthal, un petit village dans la montagne. Il est passionné par son métier. « Dans mon fromage, je veux que le goût de ma ferme ressorte, je n'ai nulle envie de faire du volume, c'est pourquoi j'ai toujours privilégié les circuits courts et les petites productions. Je ne veux pas me débarrasser de mon produit dans les grandes surfaces, et puis philosophiquement, ça ne me plaît pas ! », souligne Nicolas.

Denis Digel aussi passe dans les rayons pour renseigner les clients. Il apporte des précisions sur ses méthodes de production, combien de tonnes de tomates il a récoltées, celles qu'il a fait pousser sous serre.

Les consommateurs sont rassurés de pouvoir rencontrer les producteurs. Ils y voient ainsi un moyen d'avoir une transparence totale sur ce qu'ils s'apprêtent à consommer. « Au moins, ici, on sait ce qu'on achète », se réjouit Julien, client régulier du magasin. « C'est la fin de l'anonymat alimentaire », martèle Denis Digel.

Les clients, de tous âges et de toutes catégories sociales, se réjouissent de cette présence et de la qualité des produits. « C'est ce qui me fait revenir », m'explique Amandine. « Ici, les tomates ont un vrai goût de tomates, elles ne sont pas gorgées d'eau comme celles que l'on achète en supermarché. J'ai l'impression de retrouver le goût des produits que j'allais cueillir dans le potager de ma grand-mère », se réjouit la mère de famille. Même enthousiasme chez Jacqueline, vaillante septuagénaire et habituée des lieux qui revient car « les produits sont frais, diversifiés, de qualité, et les conseils sont avisés ».

Ce lieu est en effet un moyen de proposer d'autres produits, de valoriser les savoir-faire ancestraux des producteurs, ceux dont ne veut pas la grande distribution, là « où tout est calibré et standardisé », affirme le maraîcher. Lui-même cultive trent-cinq sortes de tomates, « mais les supermarchés ne m'en prennent que deux sortes », indique-t-il. De même, Nicolas le berger souligne qu'il propose à la vente des fromages qui, pour certains, auraient été refusés par les supermarchés. « Là, il y a un peu de bleu sur le dessus du fromage, c'est invendable en grande distribution, juste parce que ce n'est pas une couleur normale, comme le petit Billy ou d'autres produits de ce type, pourtant, c'est parfaitement comestible », souligne le paysan.

Au total, Cœur paysan propose plus de mille produits différents sur ses 400 mètres carrés de surface. On trouve une grande variété de produits alimentaires, des fruits et légumes de saison de la région, de la viande locale, des fromages, du miel évidemment, mais également des produits transformés. Et les producteurs sont à l'écoute des besoins des consommateurs pour diversifier leur offre. Ainsi, pour les producteurs, les échanges avec les consommateurs sont très importants. « On a besoin du retour du consommateur, c'est valorisant, et puis nous adaptons, si possible, notre offre à leur demande. Par exemple, pour le nouvel an chinois, des clients ont demandé au volailler s'il pouvait faire des nems. Ce dernier s'est exécuté et tous les petits rouleaux ont été écoulés ! », se souvient Denis Digel. Le fondateur du projet ajoute que, pour les agriculteurs, les journées sont très longues, ils passent beaucoup de temps sur leur ferme à soigner leurs bêtes et cultiver leurs produits, « avoir un merci ou un compliment d'un client, c'est très gratifiant pour nous ».

Autre explication à ce succès : la proximité de la provenance des produits. L'une des promesses de ce temple de la filière courte est de proposer des produits locaux de fermes situées à moins de 40 kilomètres du magasin. Devant les caisses, Isabelle dresse fièrement la liste de produits achetés : « Du fromage de chèvre de la région, des carottes d'une ferme à côté, du pain fabriqué ici… que des produits locaux, sains et dont le goût est incomparable. » Certains clients se plaignent toutefois de ne pas trouver de tomates en hiver, de bananes, ou du raisin toute l'année. « Nous expliquons que nous vendons uniquement des produits locaux et de saison, qu'il faudra patienter un peu pour le raisin, et cela apaise les frustrations », indique le président.

Côté prix, certains clients expliquent qu'ils ne voient pas la différence avec les grandes surfaces, d'autres affirment qu'ils sont prêts à payer un peu plus cher, car ils viennent aussi pour soutenir les producteurs. Certes, 2,65 euros une miche ou 2,95 euros le pain d'épeautre peut paraître un prix élevé, mais, comme le souligne le boulanger, « si les gens sont contents du produit qu'on leur propose, et que, de notre côté, on applique le juste prix, tout le monde s'y retrouve ». Toutefois, le président rappelle qu'« à produits identiques nous sommes moins chers qu'en grande surface. Les fruits et légumes sont moins onéreux, par exemple le kilo de mâche est vendu 10 euros à Cœur paysan alors que les grossistes les revendent 12 à 13 euros le kilo », indique Denis Digel. « Certains produits sont plus chers, comme les fromages artisanaux, mais la qualité n'est pas la même », souligne l'agriculteur, avant d'ajouter, plein de bon sens : « La qualité se paie ! » Et dans ce magasin, tout est transparent. Les agriculteurs sont propriétaires de leurs produits jusqu'au passage en caisse, où une commission de 22 à 32 % est prélevée par le magasin, « à titre indicatif, elle est de 33 % à 66 % sur les fruits et légumes vendus en grande distribution », précise Denis. Les producteurs sont ainsi responsables de leurs produits face aux consommateurs et ce sont eux qui en fixent les prix. Le succès de Cœur paysan fait école, au point que des agriculteurs et des élus de toute la France ont sollicité l'aide des heureux fermiers pour monter des structures semblables. Denis Digel et ses confrères ont ainsi décidé de s'organiser pour aider d'autres agriculteurs à créer des magasins paysans dans toute la France, car, d'après les maraîchers, « si ça a marché pour nous, ça devrait marcher pour d'autres. On a créé une locomotive et des wagons pourront s'y raccrocher ».

Rassérénée par les quelques heures passées à observer les allées et venues dans ce magasin exemplaire, je fais à mon tour quelques emplettes. Je ne résiste pas à l'envie de goûter le chèvre de Nicolas, les pommes de Danielle et évidemment les tomates de Denis. J'achète également quelques tranches de jambon, un pot de miel local, un petit rôti de bœuf, des confitures, le tout pour 32 euros.

### Le bunker comestible de Strasbourg

Je profite de mon passage dans l'est de la France pour découvrir de nouvelles solutions. Un internaute m'informe qu'un « bunker comestible » est installé à Strasbourg. Intriguée, je décide de me renseigner. Il s'agit d'un potager aménagé en plein cœur de Strasbourg, dans une ancienne poudrière initialement construite en 1878 par les Allemands. Situé derrière la gare de la capitale du Grand-Est, l'ancien bunker est aujourd'hui un lieu de maraîchage où poussent des champignons, des micropousses, des plantes aromatiques ou encore des endives. « Nous faisons aussi des essais avec d'autres plantes, comme des salades ou des tomates, pour voir si ces légumes peuvent être cultivés dans les conditions du bunker », me confie Anne-Laure Labrune, qui entretient aujourd'hui le potager. Privées de la lumière du soleil et de l'eau de pluie, les plantes doivent en effet s'adapter à l'environnement du « Bunker comestible », nom de cette ferme strasbourgeoise. « Nous avons installé des LED basse consommation qui reproduisent la lumière du soleil, la consommation d'électricité est très faible, puisque la note n'excède pas 50 euros par mois. Nous apportons également de l'eau via des substrats et de la ventilation, mais ce sont les seuls intrants[1] », martèle la jardinière en herbe. Les légumes poussent donc sur un substrat composé d'un peu de terre, de paille, de chaux et de son de blé. Aucun pesticide n'est utilisé.

La cultivatrice souligne que la rentabilité de la petite ferme est élevée, puisque, sur les 250 mètres carrés exploités, 60 kilos de légumes sont produits chaque semaine depuis le mois d'avril. Et les quantités culti-

1. En agriculture, on appelle intrants les différents produits apportés aux terres et aux cultures.

vées sont stables, le potager n'étant pas soumis aux aléas climatiques et ne dépendant pas non plus des saisons. Situé au plus près des consommateurs, l'ensemble de la production est vendu en circuit court : aux restaurants ou aux particuliers, directement sur les marchés, via les Amap ou La Ruche qui dit oui. Le kilo de champignons shiitake est ainsi écoulé à 15 euros, 12 euros pour les pleurotes. « Nos prix sont alignés sur ceux du marché pour des produits bio », souligne Jean-Noël Gertz, fondateur de Cyclonics, la start-up qui porte le projet. Ainsi, le « bunker comestible » qui embauche deux salariés à mi-temps et ne bénéficie d'aucune subvention est déjà rentable, souligne le spécialiste des cultures *indoor*.

Forte de ce succès, la structure spécialisée dans la réhabilitation de lieux citadins laissés à l'abandon ne compte pas s'arrêter là. Les fondateurs de Cyclonics ouvrent à Paris une nouvelle ferme urbaine dans un parking souterrain de plus 3 000 mètres carrés, indique Jean-Noël Gertz. Et d'autres projets sont également en phase d'étude à Bordeaux et à Grenoble.

Ces potagers souterrains restent moins étendus que celui de Londres. En plein cœur de la capitale britannique, sous le quartier de Clapham, une ferme a pris racine dans un ancien abri antiaérien de la Seconde Guerre mondiale. Construit en novembre 1940, l'abri est réparti dans deux tunnels, à 33 mètres de profondeur, sur une surface totale de plus de 10 000 mètres carrés. Dans cet espace qui devait un temps accueillir le métro, le potager Growing Underground a remplacé les couchettes d'autrefois par des étagères remplies de plateaux où poussent roquette, petits pois, moutarde brune, coriandre ou brocolis…

Là encore, la spécificité des lieux impose une forme d'agriculture particulière, basée sur l'hydroponie. Comme à Strasbourg, les plantes sont éclairées par des LED et cultivées sur un substrat neutre, régulièrement irrigué d'une solution qui apporte à la plante les sels minéraux et autres nutriments dont elle a besoin pour se développer. Là encore, l'atout maître de cette solution est de relocaliser l'alimentation au plus près des consommateurs.

L'agriculture urbaine limite en effet les transports de notre alimentation qui est produite là où vivent les gens. Elle permet en outre de déployer des espaces verts en ville et de donner du travail aux citadins. Mais aujourd'hui, seuls 2 % de l'alimentation des villes est produite localement, selon une étude Cabinet Utopies 2017. Toutefois, des villes et des villages partout en France tentent de gagner en autonomie alimentaire.

LES CONSTATS DE LA SEMAINE :

- Les agriculteurs inventent de nouvelles formes de distribution.
- Les Français se tournent massivement vers ces nouveaux commerces.

## Semaine 14

# Les potagers participatifs envahissent les villes

### Le bio et les circuits courts sauvent une commune de la désertification

J'ai entendu parler de la renaissance de la commune de Saint-Pierre-de-Frugie, située en Dordogne, à la limite de la Haute-Vienne. Ce sera ma prochaine étape. Après plusieurs heures de voyage à travers le Périgord, dans le parc naturel régional Périgord-Limousin, j'arrive enfin dans ce village de 419 habitants. Cette cité du Périgord vert est luxuriante et bien entretenue ; je suis charmée par ce petit village rural. En me dirigeant vers le cœur du bourg, je constate que les maisons sont rénovées, la petite mairie, soigneusement conservée, trône face à l'épicerie et non loin du restaurant, de l'école et du gîte. Gilbert Chabaud, maire du village depuis 2008, m'accueille chaleureusement. Je lui livre mes premières impressions positives sur son village. Béret vissé sur la tête, pantalon en velours côtelé et veste en laine bouillie, le septuagénaire alerte me confie que « ça n'a pas toujours été comme ça ! ».

Quelques décennies plus tôt, la commune a en effet été frappée de plein fouet par l'exode rural. De nombreux habitants ont quitté le village pour trouver du travail dans les villes environnantes. Inexorablement, la commune entrait dans la spirale infernale de la désertification et le village devenait de moins en moins attractif. Les maisons inhabitées devenaient invendables, car, faute de repreneur, elles se détérioraient. La commune prenait alors, à l'époque, des allures de village fantôme. Le point d'orgue est atteint en 2007, lorsque, faute d'élèves, l'école de la commune ferme ses portes. Quelques mois après, le restaurant, alors dernier commerce du village, qui servait également de cantine scolaire, a dû lui aussi mettre la clé sous la porte. Un coup de massue pour un village devenu moribond. Mais la volonté d'un homme va inverser la tendance et permettre au village de sortir de ce cercle vicieux.

En 2008, Gilbert Chabaud, l'enfant du pays, est élu maire de la commune. Contre le redoutable engrenage de la désertification qui ronge son village, l'édile décide de réagir. Avec les habitants et ses conseillers municipaux, il commence par restaurer le petit patrimoine du village avec des matériaux durables. Ils débutent par « des puits, des croix, des calvaires, les vitraux et la chapelle qui n'existait plus après le passage de la tempête de 1999. « Nous avons commencé par le petit patrimoine religieux essentiellement », précise le maire.

Parallèlement, le conseil municipal vote la fin de l'utilisation des pesticides dans le village, une petite révolution pour la commune. « Au départ, il y a eu quelques réticences de la part de certains villageois. Nous avons reçu quelques lettres de mécontents », me confie Guillaume, le cantonnier. Les Pétrofugiens étaient notamment habitués à voir des allées parfaitement désherbées dans leur cimetière ; or, l'abandon des pesticides et autres désherbants chimiques impose de revoir la physionomie de ce sanctuaire. « Certains habitants n'ont pas compris notre choix de laisser l'herbe repousser dans le cimetière », ajoute Guillaume, en tenue d'employé communal. La nouvelle apparence de ce lieu de culte a au départ heurté certaines sensibilités. « Puis les mentalités ont évolué et au final les gens sont très contents », se réjouit le jardinier. Les administrés sont aujourd'hui fiers de leur cimetière écolo ! L'arrêt des fauchages a aussi suscité quelques réactions de la part des plus réfractaires. Puis, rassérénés par les impacts de ces mesures, la plupart des habitants ont complètement adhéré à cette politique.

De fait, débarrassée des produits chimiques, la nature a rapidement repris ses droits. Les papillons et autres insectes pollinisateurs ont fait leur retour dans les moindres espaces verts de la commune. Puis certaines plantes autrefois éradiquées par les produits phytosanitaires sont réapparues et la biodiversité s'est enrichie, à la grande satisfaction des initiateurs du mouvement. Des premières victoires qui encouragent élus et habitants à poursuivre le mouvement. Ainsi, le maire et le cantonnier décident de créer un vaste potager municipal à l'entrée du village. Chacun peut venir se servir en fruits, légumes et plantes aromatiques. Ce jardin partagé est bien évidemment entretenu de manière écologique : les jardiniers n'utilisent aucun intrant et les plantes sont placées en fonction de leurs apports respectifs.

« Nous avons aussi une petite serre pour récolter nos propres graines, des ruches pour notre miel et on essaie d'être autonomes au niveau de l'irrigation. On utilise un système qui se base sur la force vive de l'eau et on récupère les eaux de pluie. Pour sensibiliser les habitants et enseigner nos méthodes de culture, nous organisons régulièrement des journées dédiées via des bourses d'échanges, par exemple. On convie également les gens pour la récolte. Et nous avons vocation à recevoir des classes pour expliquer comment gérer les sols ou comment cultiver avec le paillage, ou encore semer des plantes mellifères », souligne Guillaume, qui supervise le jardin partagé. « Dans ce jardin pédagogique, on enseigne plusieurs thèmes comme la biodiversité, la permaculture, l'importance de la gestion de l'eau ou encore le rôle de la haie. Des élèves viennent l'été et des familles le week-end », ajoute le maire. L'initiative est un succès et dépasse les frontières du petit village, puisque les bourgs voisins observent la métamorphose de Saint-Pierre-de-Frugie avec intérêt et curiosité.

L'équipe municipale poursuit la transformation du village. Pour favoriser le développement de l'écotourisme, la mairie réaménage neuf sentiers touristiques autour de Saint-Pierre-de-Frugie et rachète des zones humides. « Nous avons rétabli des chemins de randonnée qui existaient déjà, puis nous en avons ouvert d'autres. Nous disposons aussi d'une dizaine d'hectares de zones humides qui sont très importantes pour la biodiversité », souligne le maire. Pari réussi, car ces changements ont rapidement attiré des visiteurs. Un problème subsistait pourtant. « Les gens qui venaient nous disaient : c'est bien, c'est beau, mais on ne peut même pas se restaurer ! ça nous a poussés à engager des travaux pour rouvrir le restaurant avec des matériaux écologiques, de la chaux et du chanvre. Puis nous avons cherché un couple pour venir tenir le restaurant. » Pour accompagner cet essor touristique, le maire débloque des fonds et ouvre un gîte rural et écologique.

### Une épicerie municipale, cogérée par les agriculteurs

Galvanisés par toutes ces réussites, les élus se mettent en tête de créer une épicerie bio. Baptisée Saveur Nature, la boutique ouvre en 2011. Cette fois, l'équipe municipale n'a pas mené ce projet seule. Des agriculteurs qui cultivent en bio autour du village se sont regroupés pour participer à la création du magasin. « Au départ, les producteurs locaux voulaient créer un site Internet pour distribuer leurs produits bio. Je leur ai proposé de mettre une salle à leur disposition, ils ont accepté et cela marche très bien. » Prolongement du virage bio et responsable engagé par la commune, la boutique permet aux habitants d'acheter des produits sains et locaux sans devoir faire des kilomètres. « Le village est implanté sur l'axe entre Limoges et Périgueux, les deux villes sont à cinquante minutes d'ici en voiture, l'épicerie permet ainsi aux habitants de se nourrir de produits bio, sains et locaux sans être obligés de se rendre dans ces grandes villes », souligne Léa, qui tient l'épicerie et vit à Saint-Pierre-de-Frugie. Elle n'est pas seule à administrer la boutique, puisque le magasin bio est cogéré par les agriculteurs partenaires du projet. Ils tiennent tour à tour la petite épicerie et sa comptabilité.

Le magasin propose des paniers de fruits et légumes bio, des fromages de la région, des biscuits et jus de fruits artisanaux, du vin ou encore des produits ménagers bio. Dans ce petit magasin, je rencontre Marc, éleveur de brebis, qui met ses fromages en rayon. Le paysan m'explique qu'il a engagé sa transition en bio il y a cinq ans après quinze années passées en agriculture conventionnelle. Aujourd'hui, il ne regrette rien. « Je suis passé de 420 brebis à 120 aujourd'hui, même si le but de notre métier est d'en vivre, je ne voulais plus le faire à n'importe quel prix », lance le producteur. « Le bio correspond davantage à mes aspirations et me permet de trouver un équilibre. Je produis moins, mais je choisis la qualité et mon revenu reste correct », explique le paysan en installant son fromage sur les étals qui lui sont réservés. La petite épicerie d'une centaine de mètres carrés propose également des produits ménagers et des aliments, comme du chocolat, qui ne sont pas issus de la région. Cette diversification aide les villageois à se procurer tous les produits dont ils ont besoin sans devoir se rendre dans les grandes villes environnantes.

« Je viens faire mes courses plusieurs fois par semaine ici, comme ça je peux acheter les produits qui me plaisent en fonction des arrivages. L'avantage est que je peux tout faire à pied », m'explique Béatrice, qui vit avec son mari à Saint-Pierre-de-Frugie depuis une quinzaine d'années. Elle souligne en outre que ce lieu de rencontres, de discussion et d'échanges entre villageois les incite à se fédérer pour s'investir dans la transition écologique du village. Elle se réjouit de tous les changements initiés par l'équipe municipale qui ont redonné vie au village. Malgré tout, la retraitée m'explique qu'elle doit de temps en temps « prendre sa voiture pour faire quelques courses au supermarché ».

Le maire veut là encore aller plus loin. Il vise l'autonomie alimentaire de sa commune et souhaiterait que des maraîchers s'installent aux abords de la bourgade. « Autour du village, avoir une ceinture de maraîchers et d'éleveurs bio qui permettent aux gens de se nourrir exclusivement de produits bio de la région, c'est mon souhait », souligne l'édile. « On vise l'autonomie alimentaire, mais aussi énergétique, on fait actuellement un inventaire des toits pour accueillir des panneaux photovoltaïques, on se renseigne sur ce qui a été fait dans d'autres communes et on met en place des initiatives qui ont marché ailleurs. »

La commune en transition attire de plus en plus de touristes qui séjournent dans le gîte et se restaurent sur place. Et même mieux : de nouveaux arrivants viennent s'installer à Saint-Pierre-de-Frugie, qui se repeuple. « Tous les jours, des gens appellent la mairie ou envoient des mails pour savoir s'ils peuvent acheter un terrain. Les gens veulent venir habiter à Saint-Pierre-de-Frugie pour la qualité de vie, l'alimentation bio. Une dame nous a même appelés de Sydney ! », indique le maire. Le vertueux village vert fait des émules et les communes environnantes engagent leur transition, elles aussi…

Je ne peux repartir de ce petit havre de vie sans tester les produits locaux. J'achète des biscuits pour la route et, bien sûr, des fruits et légumes des agriculteurs bio, quelques yaourts, des fromages locaux et des bouteilles de vin, le tout pour 26 euros. Après ce court séjour en Périgord vert, je retourne à Paris, remplie d'idées et d'envies de tester de nouvelles solutions.

### Le permis de végétaliser à Paris

Inspirée par le jardin partagé de Saint-Pierre-de-Frugie, je recherche des initiatives comparables à Paris. Je tombe sur le site de la mairie qui propose des « permis de végétaliser » aux Parisiens. Depuis le mois de juillet 2015, il est en effet possible de s'adonner aux joies du jardinage urbain, à condition toutefois de décrocher le permis de végétaliser. Je me mets donc en tête d'obtenir le précieux sésame.

Avant de pouvoir planter mes premières tomates, persil, haricots verts, pivoines ou fuchsias en ville, je dois remplir quelques formalités administratives sur le site de la mairie de Paris, en précisant la nature du projet envisagé. J'obtiens rapidement une réponse positive de la municipalité qui me délivre une « autorisation d'occupation temporaire du domaine public ». Sur l'espace alloué, je vais donc avoir tout le loisir de planter des fleurs, plantes aromatiques ou fruits et légumes. En échange, je m'engage à respecter une charte de végétalisation qui consiste notamment à partager les fruits et légumes cultivés, à utiliser des plantes locales et mellifères favorisant la biodiversité de Paris et ne pas recourir à des pesticides ainsi que veiller à l'esthétique et à l'entretien des plantes et supports.

La mairie a tout prévu pour inciter les Parisiens à se lancer dans cette aventure, puisqu'elle fournit un « kit de plantation » : il contient la terre végétale et les graines. La capitale organise en outre régulièrement des ventes de plantes à des prix très faibles.

Pour en savoir un peu plus sur ce que je peux faire avec mon permis et son utilité, je m'adresse à la mairie de Paris. On m'informe qu'une très grande majorité des demandes de permis concerne l'aménagement des pieds d'arbres. « Nous avons eu de belles surprises, l'imagination des Parisiens est sans limite, s'amuse Pénélope Komitès, adjointe à la mairie de Paris chargée des espaces verts. Nous avons eu des demandes pour des mini-jardins ronds en bois, des petits potagers, des rues entières ou même des potelets. » « Au départ, m'indique l'élue chargée du projet, l'objectif des permis de végétaliser était de fleurir les rues et de permettre aux citoyens de se réapproprier les lieux publics, et on a rapidement constaté que les diverses initiatives permettaient aussi de créer des liens entres les Parisiens. » À ce titre, la mairie de Paris a créé une plateforme de partage et d'échanges entre tous les jardiniers détenteurs de permis de végétaliser afin que ces derniers s'échangent leurs conseils, astuces ou bons plans.

Je visite le site pour prendre quelques conseils auprès des Parisiens. « Nous avons recréé l'association des commerçants de la rue pour demander un permis de végétaliser à la mairie de Paris. L'association Vergers urbains nous a épaulés pour monter le dossier, ce qui nous a permis d'obtenir le permis pour l'ensemble de la rue », indique Ingrid Michel, qui a coordonné la végétalisation de toute une voie ! « La mairie du 14e arrondissement nous a fourni tous les matériaux pour construire nos jardinières, les clous, les planches, les outils… », ajoute la présidente de l'association Didot commerçants. « Nous avons impliqué les habitants de la rue et comptons bien poursuivre le projet aussi grâce à eux », souligne la commerçante. Le projet a ainsi permis de créer des liens entre les habitants et les commerçants qui se voient aussi en dehors du jardinage. Même constat du côté de Dominique Balaton, qui a « verdi » des places dans le 15e arrondissement. « Lorsque les gens me voient jardiner, ils viennent me parler, me donner des conseils, d'autres m'ont même apporté des plantes ! », se réjouit la jardinière qui partage ses plantes aromatiques.

Pour ma part, je vais attendre un peu avant de pouvoir proposer des légumes ou des herbes aromatiques, mais je vais tenter de trouver des endroits qui en proposent, davantage par curiosité que comme un réel moyen de me nourrir ! Je suis désormais attentive à ces petits potagers participatifs créés en ville et j'en découvre partout ! Les habitants jardinent, apprennent à faire pousser carottes, basilic et autres tomates et les passants sont libres de se servir, sans endommager les « cultures », bien évidemment. Les plantes sont bio, cultivées sans pesticides, toutefois elles poussent au milieu des pots d'échappement et de la pollution de la ville… Même si les effets sont probablement plus psychologiques que réels sur les cultures, je ne suis pas très attirée par ces légumes ! Je trouve tout de même l'idée géniale et je me renseigne sur ce mouvement pour savoir s'il existe dans d'autres villes.

## Mouvement des incroyables comestibles

Bingo ! L'idée a essaimé un peu partout en France. À Dijon, par exemple, la municipalité met à disposition de ses administrés des zones dédiées au jardinage collaboratif. Elle propose d'accompagner les maraîchers en herbe, fournit des graines et guide les apprentis sur les pratiques d'entretien respectueuses de l'environnement. À Grenoble, Le Havre, Bordeaux, Marseille, Nantes ou encore Strasbourg, les habitants peuvent également planter et proposer leurs légumes dans les espaces publics.

Ces initiatives sont comparables à celle portée par les Incroyables Comestibles, qui existent dans près de quatre-vingts villes de France. Là aussi, des habitants décident de s'emparer de l'espace public et de transformer les espaces verts en potagers collaboratifs. Les plantes cultivées dans ces lieux sont la propriété de tous. Chacun peut venir se servir et est invité à participer à l'entretien des potagers. Des panneaux encouragent les passants et plus spécifiquement les habitants à participer au mouvement. La différence avec les permis de végétaliser ou le jardin de Saint-Pierre-de-Frugie, c'est que les projets sont portés intégralement et uniquement par les habitants. La ville ne donne pas de coup de main à ces jardiniers au grand cœur. Le mouvement est né en Angleterre, à Todmorden, ville de l'ouest du comté du Yorkshire, en 2008. Deux femmes en grande difficulté financière décident cette année-là de faire pousser des légumes dans la rue, en bas de chez elles, au vu et au su de tous. Les premières récoltes sont stupéfiantes et la nouvelle circule auprès des quinze mille habitants de la commune. Les deux initiatrices du projet autorisent les passants à se servir dans leur potager citadin. Les voisins, intéressés par l'initiative, proposent leur aide puis la nouvelle se répand très vite aux alentours. De plus en plus d'habitants décident de prêter main-forte au potager collaboratif qui s'étend rapidement. Au point que, en seulement trois mois, la ville devient autosuffisante pour les légumes. En outre, l'initiative a permis de générer une forte entraide entre les citoyens et une ambiance hors du commun. Le célèbre quotidien anglais *The Guardian* qualifiera ainsi la petite ville « de parfait endroit pour vivre » ! Aujourd'hui, les deux femmes sont considérées comme les pionnières du vaste mouvement international des Incroyables Comestibles.

Le monde entier a emboîté le pas de cette commune britannique. Au total, ce sont près de cinq cents villes qui ont adhéré à cette idée ! Des citoyens des États-Unis, du Mexique, de Suisse, du Canada… cultivent des fruits et des légumes devant chez eux, en ville, au pied des immeubles ou dans des espaces prêtés par les communes. La nourriture ainsi produite est partagée entre citoyens. Les potagers sont en libre accès. Comme à Todmorden, à terme, l'objectif de ce mouvement est d'atteindre l'autosuffisance alimentaire. Si, dans certaines villes comme Ungersheim en Alsace ou Rennes, l'objectif semble presque atteint, à Paris ou à Montréal, la route est encore longue !

LES CONSTATS DE LA SEMAINE :

- Un village renaît grâce au bio et à une épicerie créée conjointement avec des agriculteurs.
- Des potagers participatifs émergent sur tout le territoire. Même à Paris, on peut cultiver carottes et poireaux sur le trottoir !

# Conclusion

Après avoir vécu cent jours sans mettre les pieds dans un supermarché, j'ai durablement bouleversé mes habitudes. Désormais, je m'approvisionne au maximum via les circuits courts. La naissance de mon fils m'encourage à conserver les réflexes acquis lors de l'expérience.

Le challenge m'a en effet ouvert les yeux sur les conséquences de nos modes de consommation. J'ai appris à mieux me nourrir pour respecter nos paysans, la planète et être en meilleure santé. Le défi m'a aussi montré nos campagnes et nos paysans sous un autre jour. Les producteurs croisés partout en France m'ont unanimement conté leur passion pour leur métier et la transmission de leur savoir-faire, mais aussi leurs difficultés à vivre de leur profession. Ils rêvent tous de court-circuiter la grande distribution qui leur impose ses prix et les asphyxie. Les producteurs qui quittent ce sérail pour retrouver leur liberté et vivre dignement sont de plus en plus nombreux. Parallèlement, l'engouement des consommateurs pour ces nouveaux réseaux de distribution ne cesse de croître. Les Français sont attirés par ce mode d'alimentation de proximité, plus humain et plus transparent. J'ai pu le constater sur le terrain, mais aussi sur Internet, où j'ai été abreuvée de bons plans sur Facebook et Twitter. Depuis la fin de l'expérience, j'observe une densification des réseaux de circuits courts avec une multiplication de sites internet et de boutiques paysannes. Certains se diversifient et proposent même du papier toilette recyclé et produit localement ! Mais il faudrait aller plus loin.

Pour répondre à la demande exponentielle et se développer, les acteurs des circuits courts doivent s'organiser. Aujourd'hui, aucune fédération ne réunit les principaux représentants de ces nouveaux modes de distribution. Un interlocuteur unique pourrait pourtant aider le secteur à faire valoir ses intérêts auprès des autorités et faciliter son développement. Il pourrait aiguiller les producteurs qui veulent proposer des ventes directes ou guider des entrepreneurs qui se lancent dans ce secteur. Une fédération des circuits courts pourrait par ailleurs faire émerger des solutions pour mieux informer les Français. Le manque d'information de référence est en effet souvent ce qui freine les Français à se tourner vers les circuits courts. Il est temps que les acteurs se rassemblent : « l'union fait la force » !

Pour commencer et dans le prolongement de ce livre, nous avons créé une carte interactive avec toutes les adresses et solutions testées. Je vous invite à venir la consulter et la compléter pour faciliter la conversion de ceux qui souhaiteraient eux aussi se passer de la grande distribution.

Agissons ensemble pour développer les circuits courts et aider les producteurs !

# ANNEXES

# Les solutions

## Les marchés de producteurs

Marché Sébastopol, place Sébastopol, 13004 Marseille

Bienvenue à la ferme : www.bienvenue-a-la-ferme.com

Réseau des marchés de pays : www.marches-producteurs.com

La Cabane bio, 26, rue du Stade, 50630 Quettehou

## Les épiceries paysannes

Les Pissenlits, 147, rue Sainte, 13007 Marseille

La Verdura, 177, avenue du Maréchal-Foch, 50550 Saint-Vaast-la-Hougue

Au bout du champ à Paris, 5 adresses : 28 bis, rue Gabriel-Péri et 4, rue Camille-Pelletan, 92300 Levallois-Perret ; 20, rue des Dames, 75017, Paris ; 118, rue Caulaincourt, 75018 Paris ; 16, rue des Martyrs, 75009 Paris

Cœur paysan, 84, route de Neuf-Brisach, 68000 Colmar

L'épicerie bio Saveur Nature, Le Bourg, 24450 Saint-Pierre-de-Frugie

## Les marchés en ligne

Le Comptoir local : www.lecomptoirlocal.fr

Okadran : www.okadran.fr

Poiscaille : www.poiscaille.fr

## Les paniers-recettes

Foodette : www.foodette.fr

Quitoque : www.quitoque.fr

Les Commis : www.lescommis.com

Simple et bon : www.simpleetbon.com

## Les produits en point-relais

La Ruche qui dit oui : laruchequiditoui.fr

## Les Amap

Marché sur l'eau, 20, rue Édouard-Pailleron, 75019 Paris

Les Paniers marseillais, 555, rue Saint-Pierre, 13012 Paris. www.lespaniersmarseillais.org

Jardins de Cocagne, 112, rue de Bas-Rivière, 41000 Blois. www.reseaucocagne.asso.fr

## Les cueillettes

La ferme du Logis, lieu-dit Le Logis, 78580 Jumeauville

La cueillette de Cergy, chemin de Courcelles, 95680 Puiseux-Pointoise

Chapeau de paille : www.chapeaudepaille.fr

## Les épiceries coopératives

Coopali, 3, avenue Jean-Jacques-Rousseau, 94500 Champigny-sur-Marne. coopeli.net

La Louve, 116, rue des Poissonniers, 75018 Paris

Coopaparis, 59, rue Stephenson, 75018 Paris

Supercoop, 1, place du 14-Juillet, 33130 Bègles. Le supermarché citoyen coopératif et participatif : www.supercoop.fr

Otsokop, 1, avenue de Lattre-de-Tassigny, 64100 Bayonne. Supermarché bio et local et production maraîchère : www.otsokop.com

Superquinquin, 15, rue du Prieuré, 59800 Lille

La Chouette Coop, 12, avenue de Lyon, 31800 Toulouse

La Cagette, 19, avenue Georges-Clemenceau, 34000 Montpellier. www.lacagette-coop.fr

La Meute Coop, 23, route de la Marigarde, 06130 Grasse

## Les potagers urbains

Le « Bunker comestible », 8, rue du Rempart, 67000 Strasbourg

Les Incroyables Comestibles : www.lesincroyables-comestibles.fr

## Les produits cosmétiques et d'entretien

La Licorne, 34, cours Julien, 13006 Marseille

Trucs de grand-mère : www.trucsdegrand-mere.com

Galipoli : www.galipoli.fr

Aroma-Zone, 25, rue de l'École-de-Médecine, 75006 Paris. www.aroma-zone.com

Formulebeauté : www.formulebeaute.com

Flore de Saintonge : floredesaintonge.fr

oOlution, 81, avenue Gabriel-Péri, 94170 Le Perreux-sur-Marne. www.oolution.com

**Retrouvez la première carte interactive qui recense les adresses testées au cours de l'expérience :**

**http://datavis.lefigaro.fr/map-circuit-court/**

# Les recettes

## Hydrolat

Mélanger deux tiers d'eau minérale à un tiers d'huile et conserver ce produit six mois maximum.

## Crème hydratante

Dans une petite casserole posée sur une plaque chauffante. Mélanger 32 grammes d'huile de coco, 20 grammes d'huile de millepertuis, 25 grammes de cire d'abeille, 25 grammes d'huile de tournesol, et enfin 10 grammes d'huile de pâquerette. Laisser le mélange sur le feu et remuer de temps en temps pour que la cire d'abeille devienne liquide et que les substances puissent se mêler les unes aux autres. Ensuite, verser le liquide dans de petits pots préalablement désinfectés. En refroidissant, la préparation va se solidifier et prendre une texture semblable à celle d'une crème habituelle, voire un peu plus solide. L'odeur de la crème ainsi obtenue est neutre ; on peut ajouter quelques gouttes d'huile essentielle au mélange si on souhaite lui donner un parfum particulier.

## Dentifrice

Mélanger 75 grammes de glycérine à 47 grammes d'argile blanche et quelques gouttes d'huile essentielle de thym, de menthe et de citron, et une pincée de sel.

## Faire sa lessive

La recette est extrêmement simple. Il suffit de faire bouillir trois cuillères de copeaux de savon dans 1,5 litre d'eau et d'ajouter quelques gouttes d'huile essentielle. Une fois le mélange refroidi, il faut le transférer dans une bouteille puis attendre qu'il devienne plus solide avant de pouvoir l'utiliser, et le tour est joué !

## Nettoyer son four

Il suffit de mélanger du vinaigre blanc en quantité et d'y ajouter du bicarbonate de soude, puis de remuer à l'aide d'une spatule pour que le mélange se transforme en une pâte. On étale ensuite ce produit sur les parois du four, on glisse un plat rempli d'eau dans le four que l'on met en marche à 100 degrés pendant 30 minutes environ. L'eau du plat s'évapore et permet ainsi de répartir la pâte nettoyante dans tout le four. Une fois le temps écoulé, on passe l'éponge dans le four. La graisse est ainsi facilement retirée et le four brille.

## Retirer le calcaire

Il faut enduire la tuyauterie et les vasques, la douche… en fait, tout ce qui est recouvert de calcaire, avec un tissu imbibé de vinaigre blanc chauffé, puis laisser reposer quelques instants sur les surfaces ainsi recouvertes. Après dix minutes, il suffit de retirer le produit avec une éponge, toujours sans se démonter le bras à frotter ! C'est très simple et la salle de bain est ainsi rapidement nettoyée.

### Faire un liquide vaisselle

Mélanger un demi-litre d'eau chaude à un demi-verre de savon noir. Ajouter une cuillère à soupe de bicarbonate et un demi-verre de vinaigre blanc. Mélanger la mixture et le tour est joué !

### Déboucher un évier

Verser un verre de bicarbonate de soude dans le tuyau bouché puis deux tasses d'eau bouillante. Si le problème persiste, remplacer l'eau par un verre de vinaigre, puis bloquer la bonde. Là, une réaction chimique se produit avec quelques pétillements, signe de l'efficacité de la méthode : le bouchon de crasse est dissous et le lavabo débouché.

# Remerciements

Je tiens à remercier chaleureusement Valérie Expert, sans qui ce livre n'aurait jamais vu le jour. Je souhaite aussi saluer Jean Médard pour sa confiance, sa sincérité et sa disponibilité, ainsi que Sohrab Sahabi pour son implication de chaque instant et Anne et Nico Labadie, Michel et Carole Golla, Jérémie Morizet et Maeva Onde pour leurs encouragements et leur soutien tout au long de l'expérience.

Je tiens à remercier tout particulièrement Cyril Dion qui a accepté de lire et de préfacer ce livre, j'en suis très honorée.

Je voudrais aussi remercier Evelyne, Annie, Pauline, Veronica, Margot, Mathilde, Stéphanie, Ariane, Claire, Olivier, Clément, Pierre-Henri pour leurs conseils bienveillants et avisés ainsi que tous les adeptes des circuits courts qui m'ont accompagnée et ont défendu la démarche sur les réseaux sociaux.

Merci également à Aude, Julien, Laurence, Isabelle, Mathilde, Anne, Merwane, Marie-Amélie,

Hayat, Guillaume, Marine, Maïté, Chloé, Valérie, Fred, Benoit, Eric, Anne-Hélène, Nicole, Marielle, Paul, Caroline... et toutes les rédactions du *Figaro* qui ont soutenu la démarche, ainsi qu'à Emmanuel pour ses encouragements.

Enfin, un grand merci à Guillaume, Virginie, Lucile et toute l'équipe de Flammarion pour leur accompagnement et les relectures assidues.

Sans oublier Bernie et tous les producteurs interrogés qui ont pris le temps de répondre à mes questions, me livrer leur quotidien mais aussi leurs difficultés et leur passion pour leur métier. En retour, j'espère sincèrement que ce livre contribuera au développement des circuits-courts, facilitera la conversion de nouveaux consommateurs, aidera ainsi les producteurs et incitera les acteurs du secteur à se rassembler.

# Table

NORD COMPO
multimédia

Composition et mise en pages
Nord Compo à Villeneuve-d'Ascq

CET OUVRAGE
A ÉTÉ ACHEVÉ D'IMPRIMER
SUR ROTO-PAGE
PAR L'IMPRIMERIE FLOCH
À MAYENNE EN FÉVRIER 2018

N° d'édition : L.01ELKN000681.N001. N° d'impression : 92249
Dépôt légal : février 2018
Imprimé en France